KB267436

정리정돈의 힘

정리정돈의 힘

운이 새는 집과
운이 모이는 집의 차이

———

양윤녕 지음

자화
상

한번 익히면 평생 가는
정리정돈의 기술

모르는 번호로 전화가 왔다. 대학 동창이었다. 우연히 인스타에서 나를 보고 너무 반가워서 연락했단다. 내가 정리업체를 운영 중이라는 사실에 옛날 생각이 났단다. 대학 시절 나는 기숙사에서 지냈는데, 종종 친구들이 내 옷장과 서랍을 구경하기 위해 방에 놀러 오곤 했다. 친구는 그때 내가 가르쳐준 방법대로 지금까지도 속옷과 양말을 접고 있다고 했다. 그러고 보니 나의 전공도 가정관리학이었네.

대학 졸업 후 전공과는 무관하게 예능 방송 작가로 10년 정도 일했다. KBS 〈여걸식스〉, 〈뮤직뱅크〉, MBC 〈일요일일요일밤에〉,

SBS 〈콜럼버스대발견〉 〈류시원 황현정의 NOW〉 등 나와 비슷한 세대의 사람들이라면 누구나 알만한 프로그램들을 작업했다. 매일매일이 전쟁터 같은 방송국이지만, 그때도 나의 책상은 늘 반짝반짝했다.

좋은 건지 나쁜 건지 모르겠지만, 나는 주변이 정리되어 있지 않으면 손에 일이 잡히지 않는 성격이다. 조그만 실수도 방송사고로 이어질 수 있는 방송일은 꼼꼼함이 무엇보다 필요했다. 학창시절 반장은 놓쳐도 오락부장은 한 번도 놓친 적이 없는 나이기에 감각은 기본 장착. 예능 방송 작가라는 직업은 나와 잘 맞았고, 너무나 재미있게 일했다.

결혼을 하니 부모님 집도, 기숙사도, 자취방도 아닌 온전한 내 집 내 공간이 생겼고, 나는 마음껏 정리를 할 수 있어 좋았다. 그동안은 사부작사부작 정리해 왔다면, 이제는 본격적으로 실력을 발휘할 기회가 생긴 것이다.

전업주부로 집에 있었지만 나는 바빴다. 지루할 틈이 없었다. 매일 여기저기 뒤적거리며 정리하고, 더 나은 방법은 없을까 고민했다(이후 정리수납전문가 자격증 공부할 때 나 스스로 깨친 방법이 책에 나와서 너무 신기했다). 그렇게 나의 공간은 완성되어 가고, 나의 정리 실력 또한 한층 업그레이드되었던 것 같다.

슬슬 지루함이 느껴질 무렵 '뭘 좀 배워볼까?' 하고 인터넷을 뒤져보는데, 아니, 글쎄 '정리수납전문가'라는 직업이 있지 않은가.

머리에서 뭔가가 팡 터지는 느낌이었다. 평소 "살림 잘한다.", "정리 잘한다." 칭찬으로 끝났지 이게 직업이 될 줄은 상상도 못 했다. 내 집 정리가 끝나 심심하던 터에 다른 정리 거리가 생긴다고 생각하니 너무 설렜다.

그길로 공부해 2급, 1급, 강사 자격증까지 따고 정리수납전문가가 되었다. 이 일을 시작한 지 7년이 넘었지만 지금도 정리를 전문가에게 맡긴다는 것을 받아들이지 못하는 사람이 많다. 아직도 생소한 서비스다. 그런데 현재 정리수납전문가는 최고의 유망 직종이다. 기술이 아무리 발전해도 AI가 아무리 대단해도, 정리는 대신 해줄 수 있는 영역이 아니다.

결혼하고 처음에는 할 줄 아는 요리가 없어, 요리책도 사서 보고, 인터넷에서 레시피도 찾아 따라 해봤다. 역시 배우니 실력이 늘어났다. 지금은 요리책, 레시피 없이도 웬만한 요리는 술술 한다. 정리도 마찬가지다. '나는 왜 정리를 못하지?' 본인을 탓할 게 전혀 아니다. 정리도 배우고 습득해야 하는 영역이다. 정리의 고수가 되라는 말이 아니다. 생존을 위한 정리 정도는 알아야 한다는 것이다.

어차피 내 공간을 관리하며 살아야 한다면, 정리의 기술 몇 가지만 익혀두면 어떨까. 그것만으로도 삶이 완전히 달라진다. 자전거 한번 배우면 평생 써먹듯이, 정리도 한번 배워두면 평생 써먹는 아주 가성비 좋은 기술이다. 더 재밌는 건, 정리의 기술이라는 게 알고 보면 너무나 쉬워서 '왜 이걸 진작에 몰랐을까', '한 끗 차인데 엄청나네' 하는 생각이 든다.

정리된 공간이 우리에게 미치는 영향은 대단하다. 사람의 인생도 바꿀 수 있는 게 정리다. 매번 현장에서 180도 달라진 공간과 그보다 더 달라진 고객들을 본다. 돈만 벌 목적이었으면 이 일을 진작에 관두고 다른 일을 했을 것이다. 남의 물건을 만진다는 게 보통 어려운 게 아니다. 하지만 앞으로도 계속 이 일을 할 것이다. 정리정돈이 절실히 필요한 사람들을 보면 일종의 책임감 같은 게 든다. 정리가 그 사람을 어떻게 변화시킬지 너무도 잘 알기 때문이다. 이 책에 담긴 정리정돈의 기술이 작은 날갯짓이 되어, 당신의 삶에 엄청난 변화가 일어날 거라 믿어 의심치 않는다.

전직 예능 방송 작가라 그런지 자꾸 이런 것만 생각난다. 정리이행시로 마무리하겠다.

정! 정리가 어렵다면

리! 이제부터 배우면 됩니다

양윤녕

PART 1 "집이 어지러우니 마음도 어지럽네"

지금, 정리 매직이 필요할 때

PART 2 "물건을 비우니 마음까지도 편안해지네"

정리의 기본, 비우기의 생활화

PART 4 "오늘부터 정리정돈을 시작합니다"

정리정돈에 바로 적용할 수 있는 꿀팁

"집이 어지러우니
마음도 어지럽네"

지금, 정리 매직이 필요할 때

집이 좁아서 정리가 잘 안되는 걸까?

여기저기 물건이 나와 있어 집 안이 어수선하고 서랍마다 짐이 꽉꽉 차서 답답할 때, 대부분 '집이 좁아서 그래. 좀 더 넓은 집으로 가면 괜찮을 거야.'라고 생각하기 쉽다. 집이 넓으면 수납공간도 많아 정리가 쉬울 거라고 말이다. 과연 그럴까?

정리정돈이 아니라 밀어 넣기를 했을 때

지금 사는 집보다 2배 넓은 집으로 이사를 갔다고 생각해보자. 집이 넓어졌으니 주방에 수납공간도 훨씬 많을 테고, 옷장도 더 커져서 모든 물건을 안에 넣을 수 있을 것이다. 밖에 나와 있는 물건이 없으니 너무 깔끔하다. 하지만 채 몇 달이 지나지 않아, 새집도 예전 집처럼 물건이 쌓이고 다시 어수선해진다. 이사했을 때의 설렘은 어느새 사라지고, 넓어진 집에서조차 답답함을 느끼기 시작한다.

왜 이런 일이 반복될까? 정리를 한 것이 아니라 물건을 오로지 안으로 '밀어 넣기'만 했기 때문이다. 분류되지 않은 물건들이 뒤죽박죽 들어가 있다 보니, 여전히 필요한 물건을 찾기가 어렵다. 심지어 그 물건이 집에 있는지조차 알 수 없다. 그러면 결국 새로 사게 된다. 그러면서 같은 물건의 수량이 늘어나고, 그 밖의 물건도 필요 이상으로 많아지고, 집은 다시 어수선해진다.

넓은 집에 사는 사람이나 좁은 집에 사는 사람이나 수납공간이 부족하다고 말하는 건 똑같다. 20평대 집은 30평대 집의 물건 양만큼, 50평대 집은 60평대 집의 물건 양만큼 가지고 있기 때문이다. 다시 말해, 대부분 집의 크기보다 더 많은 물건을 가지고 살아가는 것이다.

게다가 집이 넓어지면 마음이 느슨해져 더 많은 물건을 들이게 된다. '이제는 큰 테이블을 놔도 되겠다.' 하며 가구의 수와 크기를 늘리고, '집이 넓어졌으니 더 사도 괜찮아.' 하는 마음으로 장바구니에 물건을 더 담게 된다. 이렇듯 넓은 집이 오히려 짐을 늘리는 계기가 되기도 한다.

문제는 좁은 평수가 아니라 정리정돈

얼마 전 방문한 80평대 집도 예외가 아니었다. 80평대인데, 가지고 있는 물건의 양은 100평 집의 양이다. 방과 거실, 드레스룸 곳곳에 물건이 들어가지 못한 채 쌓여 있었고, 집이 넓은데도 답답하고 어수선했다. 고객은 리모델링 계획이 있었고, 그 전에 불필요한 물건을 줄이기 위해 정리 서비스를 신청했다.

일단 안방과 드레스룸만 정리했다. 오랫동안 입지 않은 옷, 앞으로도 입지 않을 것 같은 옷, 늘어나고 오염된 옷 등을 버리고, 남은 옷을 사람별/종류별/계절별로 분류했다. 옷의 종류에 따라 적절한 옷걸이를 사용해, 옷장에 자리를 잡아주었다.

"과연 정리가 될까요? 공간이 모자라지 않을까요?"라며 걱정이 많았던 고객의 얼굴은 작업이 끝난 뒤 환해졌다. 필요 없는 것들을 비운 덕에 또 적절한 옷걸이를 사용해 공간을 아낀 덕에 오히려 여유 공간까지 생겼다. 모든 옷이 한눈에 보여 옷을 골라 입는 데 편해진 것은 말할 것도 없고, 계절이 바뀔 때마다 리빙박스에 있던 옷을 꺼내고 넣는 귀찮은 일도 더는 하지 않아도 된다.

무엇보다 안방과 드레스룸이 완전히 다른 공간이 되었다. 이미 리모델링을 한 것처럼, 새 가구를 들인 것처럼 공간이 빛이 났다. 고객은 리모델링 계획을 취소하고 집의 나머지 공간까지 모두 정리 서비스를 받았다.

만약 정리를 하지 않고, 리모델링을 했다면 어떻게 됐을까? 공간만 바뀌었을 뿐 물건은 정리되지 않은 상태 그대로였을 것이다. 리모델링을 했는데도 여전히 어수선한 공간을 보며 '아! 리모델링이 아니고 정리가 필요한 거구나.' 하며 정리 서비스를 신청하지 않았을까? 결국 집이 어수선한 것은 좁은 평수 때문이 아니라 '정리 안 된 물건들' 때문이다. 이사로는 절대 해결되지 않는다. 답은 오직 정리뿐이다. 공간의 크기에 적절한 양만큼의 물건을 소유하고, 그 물건들의 자리를 잡아주는 것만으로도 집은 완벽히 '정리 리모델링'이 된다.

과거에도 쓰지 않았고, 현재에도 쓰지 않으며, 미래에도 쓸 계획이 없는 물건은 미련 없이 버리세요.

Before

After

혹시 당신은 테트리스 고수?!

"당신은 물건을 사용하기 위해 가지고 있나요? 단순히 보관하기 위해 가지고 있나요?"

한 번 더 물어보겠다.

"당신의 집에 있는 물건들은 사용하기 편리하게 수납되어 있나요? 꺼내 쓰기 불편하게 수납되어 있나요?"

물건의 수납 방식은 우리의 일상생활에 큰 영향을 미칠 수 있다. 예를 들어 자주 사용하는 물건이 쉽게 접근할 수 있는 곳에 정리되어 있다면, 필요할 때마다 빠르게 꺼내 쓸 수 있어 편리하다. 반면, 물건들이 깊숙한 곳에 보관되어 있거나, 여러 물건 사이에

섞여 있다면, 필요할 때마다 찾기 어려워 불편함을 느낄 수 있다. 따라서 물건을 수납할 때는 사용 빈도와 용도에 따라 체계적으로 정리하는 것이 중요하다. 이렇게 하면 공간 활용도 효율적이고, 일상생활에서도 시간을 절약할 수 있다. 일상생활에 정리정돈이 필요한 이유다.

테트리스 실력이 뛰어난 고객들을 자주 만난다. 수납장에 종이 한 장 끼워 넣을 틈조차 없을 만큼, 물건들을 빼곡히 차곡차곡 참 잘도 넣어뒀다. 언뜻 보면 수납을 잘한 것 같지만, 문제는 물건들이 보관만 될 뿐 사용은 불가능하다는 것이다.

마치 테트리스 탑처럼 잘 쌓여 있어, 뭐 하나 잘못 건드렸다간 와르르 무너질 판이다. 안쪽에 무엇이 있는지는 알 수 없고, 알고 있다고 하더라도 그것 하나 꺼내려면 앞의 모든 물건을 꺼내야 하니 귀찮아서 포기하게 된다. 테트리스를 손대느니 그냥 쿠팡 로켓 배송으로 주문하는 게 낫겠다 싶다. 다이소 가서 사는 게 빠를 것 같다. 그럴 거면 도대체 그 물건은 왜 가지고 있는 걸까?

물건을 한데 쌓아두게 되면, 있는 줄 몰라서 못 쓰고, 알아도 꺼내기 힘들어서 못 쓰게 된다. 급한 대로 필요한 대로 일단 다시 사고 본다. 그러니 수납장엔 물건들로 가득 차고, 심지어 수납장 앞 바닥에까지 쌓여 있다. 물건이 많을수록 돈은 새고, 시간은 낭비되며, 생활은 더 답답해진다.

해결 방법은 간단하다. 수납장 안의 물건들을 모두 꺼내보자.

그리고 필요한 물건만 골라보자. 그리고 같은 종류끼리 모아서 잘 보이게, 바로바로 꺼내 쓸 수 있게 넣어두자.

보관만 되는 수납은 쓰레기통과 같다. 반면 꺼내쓰기 쉬운 수납은 마치 가게 진열장과 같다. 어디에 무엇이 있는지 한눈에 보이고, 필요할 때 바로 꺼낼 수 있어야 한다. 이 작은 변화만으로도 돈도 아끼고 시간도 아끼고 공간도 아끼고 결국 스트레스까지 줄어드는 일석사조, 아니 그 이상의 효과가 생긴다.

꺼낼 수 없는 수납은 쓰레기통일 뿐입니다. 보관이 아닌 사용을 위한 수납을 하세요.

물건이 쌓이고 뒤섞여 정작 필요할 때 꺼내 쓰기 어렵다.

아침마다 물건이
사라지는 미스터리

푹 자고 상쾌하게 일어나 맞는 아침만큼 기분 좋은 것이 없다. 아침의 컨디션이 하루의 기분을 좌우한다고 해도 과언이 아니다. 그런데 하필, 그 중요한 아침에, 출근 준비나 자녀 등교 준비로 바쁜 와중에 필요한 물건이 안 보인다. 급하게 물건을 찾다 보면 신경이 예민해져서 가족끼리 날카로운 대화가 오가기도 하고, 찾느라 시간을 허비해 지각을 할 수도 있다. 그나마 찾으면 다행이지, 못 찾으면? 아침부터 발만 동동 구르다 허둥지둥 집을 나서야 한다.

그나마 구입 가능한 물건이면 다행이다. 중요한 서류나 아이 학교에 제출해야 하는 공문처럼 돈으로 살 수 없는 물건이라면 정말

큰일이다.

물건만 찾는 게 아니다. 아침마다 가족들은 왜 그렇게 찾아대는지. "엄마, 내 체육복 어디 있어?", "여보, 차 열쇠 못 봤어?" 정말 신기한 건, 가족들이 찾으면 없고, 엄마가 찾으면 있다. 이건 또 무슨 미스터리란 말인가?

회사는 최고의 이익을 내기 위해 최적의 시스템을 갖추고 있다. 그중 하나가 비품관리, 재고관리다. 필요한 비품을 찾는 데 시간과 에너지를 낭비하는 일이 있어서는 안 된다. 공용 물건은 자리가 정해져 있어서 각자 필요한 물건을 바로바로 꺼내 쓰고, 다 쓰면 제자리에 갖다 놓는 것이 암묵적인 규칙처럼 지켜진다. 재고 파악까지 철저하게 이루어져 비품이 필요한 시기에 필요한 만큼 구매함으로써 공간과 비용을 절약한다.

집도 그래야 한다. 가족이 각자 추구하는 목표와 기량을 충분히 발휘할 수 있도록 최적의 환경을 갖춰야 한다. 한정된 에너지를 중요한 곳에 쏟을 수 있도록, 쓸데없는 곳에 에너지가 낭비되는 일이 없도록 해야 한다. 그러려면 집에도 물건의 자리가 정해져 있어야 하고, 재고 파악이 이루어져야 한다. 누구든 언제든 필요한 물건을 헤매지 않고 바로 찾을 수 있어야 하고, 어떤 물건이 얼마나 있는지 알 수 있어야 한다. 그래야 지금 화장지를 사야 할 때인지, 라면이 집에 얼마나 있는지 알고 적절한 구매가 이루어질 테니 말이다.

집에 이런 정리 시스템을 만들어두면, 아침 시간이 평화로워지고, 가족 모두 기분 좋게 하루를 시작할 수 있다. 그 하루하루가 모여 가족들의 인생이 된다. 거기에 집은 걸림돌이 아니라 든든한 지원군이 되어야 한다. 잘 정리된 집은 가족 모두가 앞으로 쭉쭉 나갈 수 있도록 튼튼한 발판이 되어준다.

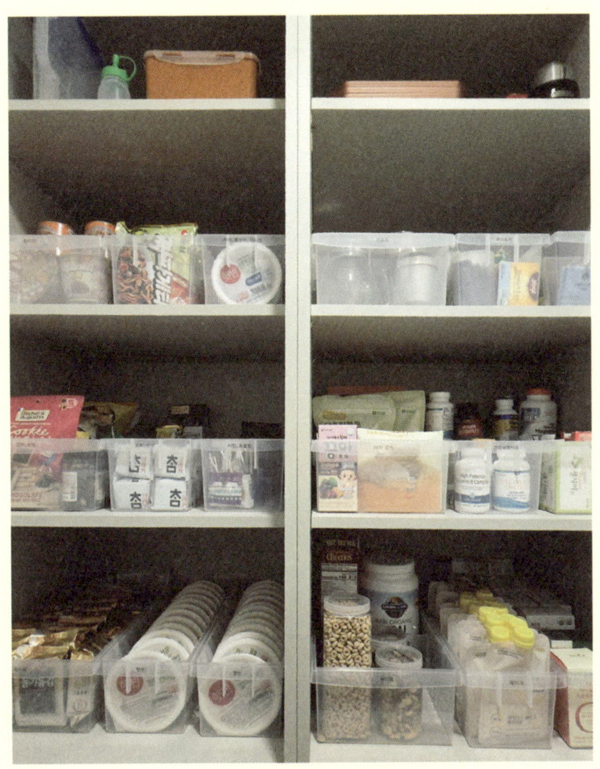

종류별로 정리되어 있어 누구나 필요한 물건을 찾기 쉽다.

로봇청소기와 식기세척기가 잠자고 있다?!

나는 워킹맘이다. 일도 해야 하고, 집안일도 해야 하고, 아이들도 키워야 한다. 안타깝게도 내 성격은 남에게 맡기지를 못한다. 모든 것을 내가 직접 해야 마음이 놓인다. 하지만 워킹맘으로서 그렇게 사는 건 불가능하다. 아니, 그렇게 살면 안 된다.

이럴 때 필요한 것이 바로 융통성, 현실과의 타협이다. 그래서 우리 집에는 집안일을 도와주는 '이모님'이 몇몇 상주해 있다. 설거지를 맡아주는 식기세척기 이모님, 바닥 청소를 해주는 로봇청소기 이모님, 걸레질을 담당하는 물걸레 로봇청소기 이모님. 덕분에 집안일에 대한 부담을 덜고, 다른 일에 더 집중할 수 있다.

요즘은 나처럼 집안일을 돕는 기기를 집에 들여놓은 이가 많다. 문제는 이것들이 잠자고 있다는 것. 정확히 말하면 기기는 일을 하고 싶어도 할 수가 없는 상황이라는 점이다. 로봇청소기는 바닥에 장애물이 없어야 일을 할 수 있는데, 바닥에 이것저것 걸리는 물건이 너무 많다. 그래서 로봇청소기를 돌리려면 바닥 정리를 먼저 해야 하는데, 그게 보통 귀찮은 일이 아니다. 결국 로봇청소기는 포기하고, 직접 무선 청소기를 들고 바닥에 있는 물건들을 피해 가며 청소한다. 그 비싼 로봇청소기는 자리만 차지한 채 잠자고 있다.

식기세척기는 또 어떤가. 설거지가 끝난 그릇들이 제자리를 찾아 나가야 하는데, 돌아갈 자리가 없는 것이다. 정작 그릇장에는 잘 쓰지 않는 그릇들로 가득 차 있고, 자주 쓰는 그릇은 들어갈 자리가 없다. 고가의 식기세척기는 결국 3만 원짜리 식기건조기만큼의 일만 하고 있다.

문제의 핵심은 분명하다. 정리가 선행되지 않으면 제아무리 성능 좋은 기계라도 제 역할을 하지 못한다. 바닥만 정리되면 하루에 한 번씩 로봇청소기를 돌릴 수 있다. 그릇장이 정리되면 식기세척기가 제값을 톡톡히 할 수 있다.

워킹맘에게 정리는 집을 예쁘게 꾸미는 게 목적이 아니다. 정리를 통해 시간을 벌고, 에너지를 아껴서 몸과 마음의 여유를 찾고, 생활을 더 편리하게 만드는 중요한 시스템이다. 정리가 되어 있어

야만 '이모님들'이 제대로 일을 하고, 나는 그 시간에 내 일을 제
대로 할 수 있다.

물건들 때문에 바닥이 보이지 않는다.

내가 산 게
아닌 물건

친정엄마가 타파웨어 밀폐용기를 주셨다. '타파웨어' 하면 비싸고 좋은 밀폐용기로 유명해서 "아싸!" 하고 받아왔다. 나는 과연 그 밀폐용기를 잘 썼을까?

나는 평소 유리로 된 밀폐용기를 선호한다. 환경호르몬 걱정도 없고, 안의 내용물도 잘 보이고, 용기에 색 배임도 없이 깨끗하게 오래 쓸 수 있기 때문이다. 타파웨어는 비싸고 좋은 밀폐용기이지만, 플라스틱 소재여서 막상 손이 잘 가지 않았다. 결국 엄마가 준 타파웨어는 쓰지 않고, 내 취향으로 손수 선택해 구입한 유리로 된 밀폐용기만 썼다. 이 타파웨어 밀폐용기를 어떻게 하면 좋담?

결혼하고 16년 동안 살던 체리색 몰딩 집을 큰맘 먹고 리모델링
했다. 친구가 집들이 선물로 뭐가 필요하냐고 묻는데 예전에 친구
가 말했던 디퓨저가 생각났다. 친구가 말하길, 자기에게 유일하게
맞는 디퓨저가 있는데 시중에서 못 구하는 것이라고 했다. 강원도
에 있는 씨마크호텔 디퓨저인데, 호텔에 직접 가야만 살 수 있다고.

친구는 마침 지인이 그 호텔에 간다고 해서 어렵게 부탁해 씨마크
호텔 디퓨저를 구해와 나에게 선물해줬다. 평소 나와 취향이 워낙 비
슷한 친구라 기대하며 열었는데……. 향이 나에게는 맞지 않았다. 친
구가 지인에게까지 부탁해 어렵게 구해준 디퓨저인데 어떡하지?

일단 써보기로 하고 집에 세팅했다. 하지만 왔다 갔다 하면서
맡아지는 그 디퓨저 향은 내 취향이 아닌 게 분명했다. 좋은 향은
사람의 기분을 고양하는 효과가 있지만, 맞지 않는 향은 두통과
메스꺼움을 유발한다. 이 디퓨저를 어떻게 하면 좋담?

아주버니 댁이 이사를 앞두고 필요 없는 짐을 정리 중이라는 이
야기를 들었다. 남편은 그중에 캠핑용품 몇 가지를 신나서 가지고
왔다. 우리 집은 캠핑과 아무런 관련이 없는데도 말이다. 아주버니
는 버리기 아까운 물건을 동생이 가져가니 홀가분하셨을 것이고,
남편은 공짜로 캠핑용품이 생기니 신이 났을 것이다. 그러나 그 캠
핑용품들은 단 한 번도 사용하지 않은 채 베란다 창고에서 꽤 많은
자리를 차지하고 있다. 이 캠핑용품들을 어떻게 하면 좋담?

플라스틱 타파웨어 밀폐용기, 나에게 맞지 않는 디퓨저, 필요

없는 캠핑용품. 이렇게 처치 곤란한 물건들이 생기게 된 원인은 크게 세 가지이다. 첫째, 내가 산 물건이 아니다. 물건은 기본적으로 내가 사는 게 맞다. 마스크 하나를 사도 각자의 취향이 다르다. 즉 내가 선택하지 않은 물건은 사용하지 않을 확률이 매우 높다. 둘째, 필요해서 생긴 물건이 아니다. 물건은 필요할 때 사야 한다. 필요할 때 산 물건은 잘 쓸 수밖에 없다. 필요할지도 모른다며 물건을 사는 행위는 짐을 사는 것과 다름없다. 셋째, 같은 용도의 물건이 집에 이미 있다. 같은 용도의 물건을 잘 쓰고 있다면, 새로운 물건은 더 이상 필요가 없다.

리모델링 후 집들이를 몇 번 했는데, 이때 타파웨어 밀폐용기, 씨마크 디퓨저, 캠핑용품 등 상태는 멀쩡한데 나에게 필요 없는 물건들을 아나바다처럼 지인들에게 나눔 했다. 이때 꼭 하는 말이 있다.

"필요 없거나 마음에 들지 않으면 절대 가져가지 마세요."

필요한 사람이 나타나지 않은 캠핑용품은 저렴한 가격에 당근 거래를 했고, 그 돈으로 아주버니 내외와 외식했다.

아무리 멀쩡하고 비싸도 나와 맞지 않는 물건이라면 집에 둘 이유가 없습니다. 물건은 내가 필요해서, 내가 원해서, 내가 선택했을 때 제 역할을 합니다. '내돈내산'은 매우 중요해요.

당신의 가구는
제 기능을 하고 있습니까?

시험을 앞두고 책상에 앉았다. 그런데 곧장 공부를 하는 게 아니라 정리부터 한 경험이 있지 않은가? 평소에는 아무렇지 않았는데, 시험기간만 되면 책상 위에 놓인 물건들이 거슬리고 방해가 된다. 도저히 공부에 집중할 수가 없다. 어쩔 수 없이 책상 정리부터 하게 되는 것이다. 평상시에는 하기도 싫던 정리가 그때는 또 재밌다.

사실 책상은 그동안 제 역할을 하지 못하고, 온갖 잡다한 물건을 올려두는 용도로 사용되었다. 그러다 시험기간이 되어서야 책상으로 쓰려니 용도변경이 필요할 수밖에. 대강 정리해 책과 노트를 펼칠 자리를 확보해도 여전히 공부에 집중하기가 어렵다. 시험이라는 중대한 일을 앞두고 있으니 평상시보다 예민해져서 더 나은 환경을 바라기 마련이고 그러다 보니 결국 대대적인 책상 정리를 하게 되는 것이다.

평소 책상이 제 역할을 제대로 하고 있었다면, 언제든 바로 책을 펴고 공부할 수 있는 상태였다면 공부 시간이 훨씬 더 확보되었을 것이다. 그런데 현재 집에서 제 역할을 못 하는 가구가 과연 책상뿐일까?

러닝머신이나 실내 자전거는 많은 집에서 옷걸이로 애용되고 있다. 어쩌다, 웬일로, 러닝머신 한번 해볼까 싶다가도 그 위에 쌓여 있는 물건들을 치울 게 막막해 포기하고 만다. 안방 드레스룸에 널찍한 붙박이장은 어떤가. 실제로 현장에 가보면, 옷장 앞에 옷, 행거, 각종 물건이 쌓여 문을 열 수 없는 집이 많다.

다른 곳도 상황은 마찬가지인데, 베란다는 잘 쓰지도 않는 물건들로 가득 차 안쪽까지 갈 수도 없다. 신발장엔 필요 없는 신발들이 가득하고, 잘 신는 신발은 모두 현관에 나와 있어 발 디딜 틈이 없다. 팬트리는 여러 가지 물건이 뒤죽박죽 쌓여 있고, 오늘 사온 샴푸도 그 위에 또 쌓는다. 저기 안쪽 바닥에 깔려 있는 물건들은 아마 다 버려야 될 듯하다. 팬트리인지, 창고인지, 쓰레기통인지…….

그런 공간의 평당 가격을 따져보면 꽤 비싼 돈을 주고 물건을 껴안고 살고 있음을 깨닫게 된다. 제 기능을 못 하는 가구가 많을수록 불편함 또한 커지는 건 당연하다. 가장 편안하고 안락해야 할 집에서 불편함을 안고 사는 셈이다.

책상에서는 언제든 집중해서 공부할 수 있어야 하고, 옷장, 운동기구는 제 기능을 할 수 있어야 한다. 정리를 통해 그런 환경을 만들어보자. 그 누구보다 나를 위해서.

지금 당장 우리 집에서 제 기능을 못 하고 있는 가구, 가전, 공간을 찾아보세요.

앉을 수 없는 책상 의자, 열 수 없는 옷장 문.

공짜를
조심하세요

커피를 주문하니 이벤트 중이라며 스누피 스티커를 준다. 공짜로 준다니까 별생각 없이, '당연히' 받는다. 그 스티커를 필요한 곳에, 필요한 순간에 쓰는 사람은 몇이나 될까? 아마 대부분은 가방 속에 넣어두고 잊어버리지 않을까? 그러다 며칠 혹은 몇 주 뒤에 가방 속에서 구겨지고 더러워진 그것을 발견하곤 버린다. 혹은 가방에서 스티커를 꺼내 식탁 위, 화장대 위, 책상 위에 그냥 툭 올려둔다.

또 박물관, 미술관, 행사장 등에 가면 입장하면서 자연스레 팸플릿을 집어 든다. 한 번 펼쳐 보기라도 하면 다행이다. 대부분은 그냥 손에 쥐고 다니다가 또 가방 속에 넣거나 집에 와서 식탁에 올려둔다.

식탁 위에 놓인 스티커 하나, 팸플릿 한 장을 보고, 다른 가족들도 오고 가며 그 위에 잡동사니들을 하나둘 올려두게 된다. 마치 길거리 한 귀퉁이에 누군가가 쓰레기를 버리면 지나가는 사람들도 하나둘 거기에 쓰레기를 버리게 되어 나중엔 쓰레기 더미가 쌓이는 것처럼 말이다. 그렇게 집은 엉망이 되어간다. 식탁에는 밥을 먹을 수 있는 자리가 없고, 화장대에는 화장할 자리가 없고, 책상은 노트 하나 펼칠 자리가 없다.

우리 집을 채우고 있는 물건들을 가만히 살펴보면, 공짜라서 받은 것이 생각보다 많다. 냉장고를 사니 밀폐용기 세트, 칼 세트 등 꽤 묵직한 주방용품을 사은품이라고 준다. 화장품을 사면 샘플을 주고, 아이들 문제집을 주문했더니 새 노트가 딸려 온다.

공짜 좋다. 그런데 잘 생각해봐야 할 것이, 공짜로 들어온 것은 대부분 나의 취향과는 맞지 않을뿐더러 필요 없는 물건들이다. 그런데도 공짜라는 이유로 쉽게 받아들인다. 내 취향이 아니기 때문에 사용하지 않게 되고 결국 공간만 차지하게 된다. 그렇게 집 안은 내가 원하지도, 좋아하지도 않는 물건들로 채워진다.

고작 스티커 하나, 팸플릿 하나라고 대수롭지 않게 생각할 수도 있지만, 그 작은 것들이 쌓이고 쌓여서 내 공간의 주도권을 빼앗아 간다. 더 큰 문제는 그렇게 공간을 빼앗기면, 단순히 물리적인 여유만을 없애는 것이 아니라 마음의 여유까지 갉아먹는다는 점이다. 식탁 위에 쌓인 잡동사니를 볼 때마다 스트레스가 쌓이고, 정리를 해야 한다는 압박감이 생긴다. 하지만 정리는 쉽지 않고, 미룰수록 무기력해진다. 결국 '나는 왜 이럴까?' 하는 자책으로까지 이어진다.

'공짜'라는 이유로 무조건 받지 말자. 나에게 정말 필요한 물건인지, 내 생활에 도움이 될 물건인지 따져봐야 한다. 사실 엄밀히 말하면 공짜가 아니라 값을 치렀다. 내 공간을 내줬으니 말이다.

내 맘에 들지 않고 나에게 필요하지 않은 것이라면 집에 들이지 마세요.

어지르는 사람 따로 있고 정리하는 사람 따로 있다?!

늦은 밤, 40대 직장인 A씨는 야근을 마치고 터벅터벅 집에 도착했다. 조용히 방문을 열어보니 아내와 아이가 잠들어 있다. 아내가 아이와 어떤 하루를 보냈을지 눈에 그려진다. "아이 볼래? 일할래?"라고 누군가 묻는다면 A씨는 솔직한 심정으로 "일하는 게 낫다."라고 생각한다. 하루 종일 아이와 씨름했을 아내를 생각하니 안쓰럽기도 하고, 미안한 마음도 든다. 물 한 잔 마시려고 주방에 갔더니 설거지가 산더미처럼 쌓여 있다. 야근까지 하고 와서 몸이 천근만근이지만, 설거지라도 해줘야겠다는 생각이 들어 A씨는 싱크대 앞에 섰다. 먼저 식기건조대에 쌓여 있는 그릇을 넣으려고 보니, 그릇을 넣을 자리가 없다. 여기저기 다 열어봐도 식기건조대에 있는 그릇을 넣을 자리가 없다. 식기건조대가 비어야 설거지를 할 수 있는데 말이다. 결국 A씨는…… 설거지를 할 수 없었다.

남의 집 이야기가 아니다. 많은 집에서 일어나는 현실이다. 해도 해도 끝이 없는 집안일, 해도 해도 표도 안 나는 집안일. 예전엔 온전히 주부의 몫으로 여겨졌지만, 이제는 시대가 달라졌다. 맞벌이 부부도 많고, 사회적 의식도 바뀌면서 집안일은 가족 모두가 함께해야 하는 것으로 여겨진다. 하지만 실제로 집안일을 가족 모두가 함께하는 집은 많지 않을 것 같다.

그 원인 중 하나가 집안의 무질서 때문이다. 무엇이 어디에 있는지 알 수 없다. 정리되지 않은 집에서는 누구도 집안일을 하기가 어렵다. 어디서부터 어떻게 치워야 할지 막막하다. 엄두가 안 난다. 다만 가족 중에 그 무질서를 파악한 이가 한 명 있다. 바로 엄마다.

아이가 내일 준비물이라며 크레파스를 찾는다. 크레파스가 어디 있는지는 아무도 모른다. 엄마만이 알고 있다. 화장실에 치약이 떨어져서 새 치약을 꺼내려고 하는데, 새 치약이 어디에 있는지 엄마만이 알고 있다. 마트에서 장 봐온 것들을 넣으려고 하는데, 어디에 넣어야 하는지 엄마만이 알고 있다. 이러다 보니 집안일은 어느새 엄마의 몫이 된다.

정리된 집에서는 집안일이 저절로 분담된다. 어렵지도 않다. 가족 누구나 마음만 먹으면 쉽게 할 수 있다. 적어도 우리 집은 집안일 분담이 가능하도록 시스템이 갖추어져 있다.

하루는 여느 때처럼 일하고 있는데, 갑자기 다음 날이 아들 생일인 것이 생각났다. 남편에게 미역국을 끓여달라고 연락했다. 일을 마치고 집에 와보니, 맛있는 미역국이 딱 끓여져 있었다. 남편은 나에게 단 한 번의 질문도 없이, 알아서 국거리 소고기를 꺼내고, 마른미역을 꺼내 물에 불리고, 다진 마늘, 국간장 등 각종 양념을 넣어 맛있는 아들 생일 미역국을 끓여놓았다.

국거리 소고기를 두는 자리, 마른미역을 보관하는 자리 등 우리 집에 있는 물건은 모두 제자리가 정해져 있고 가족 모두 그 자리를 알고 있다. 만약 이런 시스템이 갖추어져 있지 않았다면 남편은 미역국 하나 끓이는 데에도, 내게 끊임없이 전화해서 뭐가 어디 있냐며 질문해댔을 테다. 그러다 나는 질문에 지쳐 "됐어. 집에 가서 내가 끓일게."라고 했을지도 모른다.

어수선한 집에서의 집안일은 생각만 해도 힘들고 지치고 하기가 싫다. 가족 모두가 부담 없이 스트레스 없이 자발적으로 집안일에 참여하게 하려면, 정리 시스템은 꼭 필요하다.

어지르는 사람 따로 있고, 정리하는 사람 따로 있는 게 아닙니다.
집안일은 누구 한 사람의 몫이어서는 안 되고 가족이 함께해야 합니다.
그래야 가정이 행복해지지 않을까요.

설거지 끝난 그릇이 들어갈 자리가 없다.

정리정돈을 하면 누구든 쉽게 필요한 물건을 찾을 수 있다.

신혼집이
예쁠 수밖에 없는 이유

　신혼집은 보통 예쁘다. 모든 물건이 새것이기도 하지만 공간의 여유도 있고, 곳곳에 감성도 한두 스푼 넣어 꾸민다. 그게 가능한 결정적인 이유는 물건의 양이 적기 때문이다. 각자의 집에서 딱 필요한 물건만 가지고 오기 때문에 필요 없는 물건이 없다.

　하지만 아기가 태어나면서 집은 180도 달라진다. 아기침대, 유모차, 기저귀갈이대, 분유 메이커, 보행기, 옷, 책 등등 필요한 것이 너무 많다. 육아 경험이 없어 무엇이 필요하고, 무엇이 필요 없는지 잘 알지 못해 대개 육아용품은 과하게 준비한다. 여기에 가족이나 지인들이 물려주는 물건까지 합쳐지면 집은 금세 포화 상태가 된다. 이제 집에 감성 따위는 사치다.

서울 대치동의 30평대 아파트, 7살 아들 한 명을 둔 집을 방문했다. 현관문을 열자마자, 자전거, 퀵보드, 축구공, 농구공, 인라인, 배드민턴, 줄넘기 아이 용품으로 넘쳐난다. 이 모든 것이 현관 앞에 널브러져 있다. 신발장을 열어보니, 아이의 작아진 신발들, 엄마 아빠의 신발 중에도 몇 년째 신지 않은 것 같은 신발이 꽤 많이 보였다. 필요 없는 신발들을 비우니, 현관에 나와 있던 아이 운동 용품 모두를 신발장에 넣을 수 있었다. 이제 아이는 축구공을 신발장에 넣으면 된다. 줄넘기 넣을 자리가 생긴 것이다.

집 안의 상황도 현관과 별다를 게 없었다. 아이 물건이 아이방 뿐 아니라 거실, 주방, 안방, 팬트리까지 널려 있었다. 마치 장난감 가게와 도서관을 통째로 갖다 놓은 듯 없는 장난감이 없고, 없는 책이 없어 보였다. 그야말로 아이의 물건이 집안 전체를 장악하고 있었다.

장난감 수납장은 시기를 지난 장난감들로 가득 차 있었고, 현재 잘 가지고 노는 장난감은 여기저기 바닥에 놓여 있었다. 책장에는 더 이상 읽지 않는 책들이 꽂혀 있고, 새로 산 전집은 꽂을 데가 없어 박스째 놓여 있었다. 아마도 이 집의 아이는 물건들은 이렇게 놓고 쓰는 거라고 알고 있을 것이다. 그게 당연하다고 여기고 앞으로도 그렇게 살게 될 것이다. 참으로 안타까운 일이다.

아이를 먹이고 입히고 가르치는 것만으로 24시간이 모자라고,

부모들은 늘 피로에 시달린다. 그렇다 보니 집안을 돌볼 여력까지는 없다. 하지만 그러는 사이에 집은 점점 더 손쓸 수 없는 지경에 이른다.

새 신발을 살 때 헌 신발 하나를 버렸다면, 새 전집을 들일 때 시기 지난 전집을 비워냈다면 지금과 같은 상황은 되지 않았을 것이다. 정리는 특별한 이벤트가 아니다. 매일 밥을 하고 청소를 하듯, 물건을 비우는 것도 일상이 되어야 한다. 멀리 보았을 때, 아이에게 더 많은 장난감과 책을 제공하는 것보다, 단정한 집을 제공하는 것이 훨씬 더 중요하지 않을까. 아이가 일상 속에서 보고 배우는 것을 결코 무시할 수 없다.

당신의 아이는 어떤 집에서 자라고 있는가? 미래에 아이들이 가정을 꾸렸을 때 어떤 집에서 살았으면 좋겠는가? 명심하자. 정리도 유전이고 유산이다.

하루 5분만 정리에 투자해보세요. 당신과 가족의 미래가 달라집니다.

신발장에 운동용품 자리가 생겼다.

야외용품은 신발장에 두면 좋다

정리
뒷바라지

'뒷바라지'라는 말이 있다. 한 인간이 훌륭하게 성장할 수 있도록 뒤에서 보살피며 도와준다는 라는 뜻이다. 자식을 위해 돈을 벌고, 가족의 건강을 위해 음식을 정성껏 준비하고, 다양한 경험을 함께하는 것 모두 뒷바라지다. 그리고 잘 정리된 단정한 집은 가족 모두에게 굉장히 중요한 뒷바라지다. 가장 많은 시간을 보내는 집, 그곳의 환경은 가족 구성원 모두의 몸과 마음에 깊이 영향을 미친다.

심리적 안정감 제공

SNS에서 정리 전후 사진을 많이 보게 되는데, 정리 전의 사진을 볼 때와 정리 후의 사진을 볼 때 기분이 완전히 달라진다. 시각적으로 깔끔한 환경은 불필요한 자극을 줄여 마음을 차분하게 만들며, 스트레스와 불안을 줄여준다. 반대로 어수선한 공간은 무의식적으로 피로가 쌓이고, 집중을 방해한다.

효율적인 생활 가능

집안일이 편해지고, 가사 분담도 쉬워진다. 필요한 물건을 쉽게 찾을 수 있고, 생활 동선이 단순해져 집안에서의 생활이 매끄러워진다. 더 이상 물건을 찾아 헤맬 필요가 없다.

가족 간 유대 강화

가족 모두 집을 가장 편안한 안식처로 여기고, 집을 사랑하게 된다. 가족간의 교류도 많아질 수밖에 없다. 각자 방으로 흩어지는 대신, 거실이나 주방에서 함께하는 시간이 많아지며, 가족 간의 유대감을 강화하는 중요한 기반이 된다.

아이들의 올바른 가치관과 습관 형성

아이들은 부모의 생활 태도를 보며 자란다. 또한 눈에 보이는 집의 상태에 많은 영향을 받는다. 질서 있고 깔끔한 생활을 경험한 아이는 환경에 대한 기준이 높아져, 성인이 되어서도 그런 환경을 유지하게 된다. 요리 잘하는 엄마를 둔 아이가 입맛의 기준이 높아져 어른이 되어서도 비슷한 수준의 음식을 즐기는 것과 같다.

창의성과 생산성 향상

어수선한 환경은 정신적으로 부담을 준다. 하는 것 없이 우리를 지치게 만든다. 어깨에 곰 백 마리를 이고 사는 것 같은 느낌이다. 반대로 정리된 환경은 우리에게 에너지를 주고 긍정적인 생각을 갖게 한다. 안정된 공간에서는 집중력과 창의력이 올라가 생각지도 못한 좋은 성과를 얻는 행운도 따른다.

건강과 위생 관리

정리된 집은 청소와 위생 관리가 쉽다. 먼지와 세균이 쌓일 여지가 줄어 알레르기와 질병 예방에 도움을 준다. 식품과 의약품도 체계적으로 관리되어 가족 건강 유지에 유리하다. 그뿐 아니라 정신 건강에 도움이 됨은 말할 것도 없다. 실제로 정리정돈이 심리 치료의 한 방법으로 사용되기도 한다.

경제적 효율성

어떤 물건이 어디에 있는지, 얼마나 있는지 명확하니 불필요한 구매가 줄어든다. 이렇게 새는 돈을 막을 수 있어 가계 경제에도 도움이 된다.

삶의 만족도와 자존감 상승

깔끔하고 정돈된 환경은 삶에 대한 만족감을 높인다. 또한 자신이 사랑받고 존중받는 사람이라고 느끼게 된다.

집을 정리하는 것는 단순한 청소가 아니다. 그것은 가족 모두의 마음을 다스리고, 일상을 원활하게 하며, 관계를 단단하게 묶어주는 삶의 기반을 정돈하는 일이다. 집을 돌보는 일은 곧 가족을 돌보는 일이자, 가족에게 밝은 미래를 선물하는 것과 같다.

정돈된 집은 가족에게 줄 수 있는 최고의 뒷바라지입니다.
집을 정리하는 순간, 가족의 미래가 달라집니다.

정리가 잘되어 있으면 보기만 해도 마음이 편안해진다.
정리가 주는 힘은 대단하다.

나의 정리력 점수는 몇 점일까?

현장에 나가보면 "저희 집은 정리 상태가 어느 정도예요? 심각한 편이에요?"라는 질문을 많이 받는다. 다른 집 사정은 어떤지 궁금하고, 내 업이 집을 정리하고 다니는 것이니 묻는 것이다. 이 책을 펼친 여러분도 '과연 우리 집의 정리 상태는 어느 정도일까?' 하는 궁금증이 있을 것이다.

집 안을 깔끔하게 정리하는 것은 인테리어와는 다른 영역이다. '깔끔하게 정돈된 집'은 '정리력'과 관련이 있다. 본격적으로 정리 이야기를 시작하기 전에 '나의 정리력 점수'를 냉정하게 매겨보자.

■ 나의 정리력 점수는?

구분	질문	매우 그렇다 (2점)	그렇다 (1점)	보통 이다 (0점)	그렇지 않다 (−1점)	매우 그렇지 않다 (−2점)
1	바닥에 나와 있는 물건 없이, 모두 수납장 안에 들어가 있다.					
2	물건들의 자리가 정해져 있다.					
3	물건들이 같은 종류끼리 모여 있다.					
4	홈쇼핑이나 세트 상품에서 불필요한 게 섞여 있으면 구입하지 않는다.					
5	유행에 민감하지 않은 편이다.					
6	유통기한이 지난 식품은 없다.					
7	물건은 필요할 때만 산다.					
8	설거지 끝난 그릇들이 들어갈 자리가 정해져 있다.					
9	어떤 물건이든 바로바로 찾을 수 있다.					
10	핸드폰 사진첩에 필요한 사진만 있다.					
11	가방 속에 필요한 물건만 있다.					
12	냉장고 안에 검은색 봉지를 사용하지 않는다.					
13	내가 가진 겨울 외투를 모두 알고 있다.					
14	고장난 가전제품은 없다.					
15	의자에 옷을 걸어두지 않는다.					
16	공짜라고 무조건 가져오지 않는다.					
17	영수증은 되도록 받지 않고, 받아도 그 자리에서 확인 후 버린다.					
18	베란다 창고에 꼭 필요한 물건만 있다.					
19	쇼핑을 자주 하지 않는다.					
20	다 쓴 건전지는 바로 버린다.					
21	신발장에 아이들 작아진 신발은 없다.					
22	택배는 바로 정리하고 쌓아두지 않는다.					
23	5년 동안 사용하지 않은 이불은 없다.					
24	중요한 문서는 따로 잘 보관한다					
25	대량 구매는 되도록 피한다.					
26	쓰지 않는 그릇은 없다.					
27	음식 배달 주문시 '일회용품 필요 없음'에 체크한다.					
28	화장실에 다 쓴 용기는 없다.					
29	쇼핑백은 필요한 만큼만 있다.					
30	팬티 개수가 10개 이하다.					

■ 과연 나의 정리력 점수는?

__60~31점__

당신은 이미 정리 고수 

집에 오는 손님마다 놀라는 그 집! 모델하우스에서 살고 계시네요. 이 책은 본인보다 지인에게 선물해주는 것도 좋겠어요.

__30~0점__

살림꾼으로 인정!

마음먹고 치우면 순식간에 집이 반짝반짝. 하지만 손 놓으면 금세 원상 복귀. 이 책의 정리 팁 몇 가지만 습득해도 당신은 바로 정리 고수로 승급할 수 있어요.

__0점 이하__ 

정리 비상사태

의자는 '옷걸이', 냉장고는 '발굴의 현장', 물건을 찾을 때마다 '보물찾기' 게임 한 판?! 이대로두면 집이 창고가 될지도 몰라요. 지금이 바로 골든타임! 이 책이 당신의 길잡이가 될 거예요. 완독 후 행동 개시하세요.

정리력은 자신의 삶을 지배하는 능력이라 할 수 있습니다.
방법을 알면 정리력을 높일 수 있어요. 준비되었나요?

PART 2

"물건을 비우니
마음까지도 편안해지네"

정리의 기본, 비우기의 생활화

집 안의 모든 물건을
운동장에 펼쳐 놓는다면

집 안에 있는 모든 물건을 하나도 빠짐없이 꺼내, 넓은 운동장에 펼쳐 놓는 일. 현실성은 없지만 진짜 한번 해보고 싶은 일이다. 실제로 운동장에 모든 물건을 펼쳐 놓을 수는 없으니 아쉬운 대로, 구역을 나누어 그 안에 있는 물건을 하나도 빠짐없이 꺼내 거실에 펼쳐 놓아보자.

옷장부터 서랍, 주방 싱크대, 냉장고, 팬트리, 베란다, 신발장까지 여기저기 들어가 있는 물건을 모두 꺼내보면 생각보다 많다. '우리 집에 물건이 이렇게 많았어?' 하고 깜짝 놀라게 된다. 그 와중에 잃어버렸던 물건을 찾기도 하고, 돈이 나오기도 하고, 사놓고 깜빡하고 있던 새 물건을 발견할 수도 있을 것이다.

이제 한데 펼쳐 놓은 물건들 중에서 세 가지를 골라내 보자.

1. 지금 잘 쓰고 있는 물건

2. 앞으로도 필요한 물건

3. 꼭 가지고 싶은 물건

얼마나 골라내고, 얼마나 남게 될까? 어쩌면 골라낸 물건보다 남겨진 물건이 더 많을 수도 있다. 이것이 내 집의 현실이다.

처음에는 작은 서랍 하나, 옷장 한 칸부터 시작해보자. 일단 모든 걸 꺼내서 눈으로 확인하는 순간, 무엇을 버려야 하는지, 무엇이 나에게 진짜 필요한 것인지, 어느 정도 가지고 있는 것이 맞는지 판단이 훨씬 쉬워진다. 정리가 쉬워진다.

'필요해.'가 아니라 '언젠가 쓰겠지.'라는 생각이 든다는 건, 쓸 확률보다 안 쓸 확률이 훨씬 높다는 뜻이다. 버릴까 말까 애매한 물건들은 박스에 담아 날짜를 적어두자. 1년 후에도 꺼내지 않은 물건들은 미련 없이 버리면 된다.

실제로 정리 작업 현장에서도 이러한 방법으로 고객의 결정을 돕고 있습니다. 자주 쓰는 곳의 작은 서랍 속 물건을 펼쳐 놓는 것부터 한번 시도해보세요.

물건을 모두 꺼내야 비워야 할 것이 보인다.

물건을 들이기 전에
비우기 먼저

가지고 싶다고 다 가질 수 없다. 돈이 있고 없고의 문제가 아니다. 정돈된 집에 살고 싶다면, 가지고 싶다고 다 가져서는 안 된다. 물건이 하나 들어오는 순간, 관리할 대상이 하나 늘어나는 것이다. 관리할 대상이 많아질수록, 당연히 정리는 어려워지고 집은 점점 엉망이 된다.

새 옷이 들어오는 순간 둘 자리를 찾아야 하고, 잘 입고 잘 관리해야 한다. 옷이 많아질수록 옷을 찾고 고를 때, 더 많은 에너지와 시간이 드는 건 당연하다.

마트에서 장을 봐오면 그 즉시 할 일이 생긴다. 냉장고에, 수납장에, 팬트리에 물건들을 정리해야 하고, 유통기한이 있는 식품들은 정해진 날짜 안에 반드시 소비해야 하는 미션이 주어진다. 장바구니에 담는 순간, 먹고, 관리하고, 치워야 하는 일이 새롭게 발생하는 것이다.

물건들이 제자리에 착착 잘 들어간다면 그나마 다행이다. 하지만 현실은 그렇지 않을 때가 많다. 라면 두는 자리가 꽉 차 주방 어딘가 빈자리에 라면을 둔다. 신발장에 새 신발을 넣을 자리가 없어 일단 박스째 방 안 어딘가에 둔다. 새 화장품을 보관할 곳이 없어, 화장대 옆에 종이 가방째 내려둔다. 물건이 넘쳐흐르는 순간, 물건의 자리는 의미가 없어지고, 모든 게 뒤죽박죽되는 것이다.

물건을 구매하기 전에 다음의 세 가지를 점검해보자.

1. 그 물건이 들어갈 자리를 떠올려보고, 자리가 없다면 구매하지 않는다.
2. 새 신발이 들어오면 낡은 신발 하나를 버린다. 버릴 자신이 없다면 사지 않는다.
3. 그 물건과 같은 역할을 하는 물건이 집에 있는지 생각해본다.

사람들은 대개 물건을 살 때 설렘을 느낀다. 새 신발을 신고 나갈 생각에 설레고, 새 그릇에 음식을 담아낼 기대감에 설레고, 새 옷을 입고 달라질 내 모습에 설렌다. 하지만 그 설렘은 오래가지

않는다. 집에 들어온 물건이 제자리를 찾지 못하는 순간, 설렘은
스트레스로 바뀐다.

물건을 사는 즐거움보다, 가진 물건을 충분히 잘 쓰고 비우는
즐거움에 집중해보세요.

사는 물건과
버리는 물건의 비율

물건을 사는 게 너무나 쉬운 세상이다. 클릭 몇 번으로 결제가 끝나고, 잠들기 전 구매한 물건이 아침에 일어나면 문 앞에 도착해 있다. 굳이 매장에 가지 않아도 필요한 물건을 빠르면 당일에도 받을 수 있다.

반대로 버리는 건 어떠한가? 소재 구분 없이 쓰레기봉투에 막 버리던 과거와 달리 현재는 엄격한 분류가 요구된다. 종량제봉투에 버릴 수 있는 게 있고, 재활용 분리수거를 해야 하는 것이 있다. 또 어떤 건 종량제봉투도 재활용 분리수거도 되지 않고 인터넷으로 신고하거나 주민센터에 직접 방문해 폐기물 신고 후 버려야 한다.

여기서 더 큰 문제는 버리는 방법이 애매한 경우가 많다는 것이다. 망가진 우산은 어떻게 버려야 할까? 종량제봉투? 종량제봉투에 들어가지도 않는 장우산은 어떻게 버려야 할까? 철과 플라스틱이 섞인 바지 집게는 고철에 버려야 할까? 플라스틱에 버려야 할까? 작은 나무 액자는 종량제봉투에 버려도 될까? 폐기물 신고를 해야 할까?

옷장을 버리려고 폐기물 신고 사이트에 들어가 보니, 체크 항목에 옷장과 장롱이 있네? 옷장과 장롱의 차이가 뭐지? 블라인드를 버리려는데 2kg당 무게를 체크하라고 되어 있는데, 블라인드 무게를 어떻게 재지?

2차 분류	3차 분류
침대/매트리스	장롱
소파	옷장
거실장/테이블/서랍장	
옷장/붙박이장/장롱	
책상	
의자	
책장	
선반/수납가구	

3차 분류	4차 분류
놀이매트/안전매트/유아매트...	블라인드/버티컬 2kg당
커튼	
장판/카페트	
블라인드	
매트	
자바라	
발매트	
아기매트	

골치 아프다. 쓰레기 버리는 법도 공부를 해야 할 판이다. 그렇다 보니 버리는 방법을 몰라서 필요 없거나 망가진 물건을 그냥 가지고 있는 이가 많다.

내가 홈쇼핑에서 주문한 물건이 문 앞에 배달되어 있고, 딸아이가 인터넷에서 주문한 옷과 화장품도 도착했다. 오늘 마트에서 장을 한가득 봐왔고, 학원을 마치고 들어온 아들이 새 교재를 받아왔다. 남편은 각종 우편물과 문 앞에 붙은 광고지를 가지고 들어온다.

그렇다면 집에서 나간 것은? 종량제 쓰레기봉투 하나뿐. 이것도 며칠에 한 번꼴. 딸의 옷과 화장품은 하루가 멀다고 택배가 오는 것 같은데, 버리는 것은 본 적이 없는 거 같다. 새 교재를 받아온 아들은 절대 다 쓴 헌 교재를 내놓지 않는다.

이렇듯 물건을 사는 건 너무 쉬워졌지만, 물건을 버리는 일은 너무 번거롭고 어려워졌다. 이것도 집을 어지럽히는 데 한몫한다. 그러므로 집에 물건을 들이는 데 신중해야 하고, 물건을 내보내는 데 부지런해야 한다. 평소에 이것만 잘 실천해도 집이 한결 가벼워진다.

버리기가
제일 쉬웠어요 .

정리의 시작은 버리기라는데, 시작부터 너무 어렵다. 그렇다 보니 시작도 못 하고 포기하는 사람도 많다. 물건을 하나 집을 때마다 왜 이렇게 많은 생각이 떠오르는지. '이거 비싼 건데…….', '몇 번 안 썼는데…….', '나중에 필요하지 않을까?', '누구 줄 사람 없나?' 물건을 집었나 놨다 도무지 진행이 안 된다. 진행이 안 되니 재미도 없고, 결국 포기해버린다.

그런데 모든 버리기가 이렇게 어려운 것은 아니다. '난이도 하'의 버리기도 있다. 아주 쉬운 버리기부터 시작해 몸에 감각을 익혀보자.

유통기한 확인하기

식품, 영양제, 상비약, 화장품 등 유통기한이 있는 물건을 비우는 것이다. 유통기한을 확인한 후 날짜가 지난 것은 가차 없이 버리기로 한다. 지금 비우지 않으면, 그것들은 집 어딘가에서 점점 더 유물이 되어갈 것이다. 이것만 해도 집에 공간이 생기고 숨통이 트이는 경험을 할 수 있다. 비울 때의 홀가분함을 느끼게 되면서 비우기에 재미와 자신감이 생긴다.

분류 후 버리기

현장에 나갔을 때 가장 먼저 하는 일이 같은 종류의 물건들을 끼리끼리 모으는 것이다. 충전선끼리, 청바지끼리, 밀폐용기끼리……. 끼리끼리 분류된 물건들을 보면 고객은 대개 깜짝 놀란다. "제가 청바지가 이렇게 많았어요?", "밀폐용기가 너무 많네요." 라고 말이다. 끼리끼리 분류 후 버리기를 해보자. 모아놓고 보면 무엇을 기준으로 버려야 할지 눈에 보일 것이다.

가령 밀폐용기를 버리기로 했다고 하자. 밀폐용기는 작은 것도 필요하고 큰 것도 필요하다. 하지만 내가 가진 밀폐용기가 어떤 게 얼마만큼 있는지 알지 못하기 때문에 그동안 버리기가 그렇게도 어려웠던 것이다. 다 모아놓고 보면 버리기가 쉬워진다. 하나씩 볼 때는 몰랐는데, 모아놓고 보니 유난히 누렇게 변한 것이 보이고, 어떤 크기의 밀폐용기가 필요 이상으로 많은지도 확실히 알 수 있다. 새 밀폐용기 세트를 발견해 헌 밀폐용기를 고민 없이 버리기도 한다.

　쉬운 버리기부터 일단 시작해보면 버리기가 더는 어렵다고 느껴지지 않을 것이다. 실제로 현장에서 버리기를 경험하고 '버리기 왕'이 된 고객이 많다.

구멍 난 양말
vs 안 신는 양말

현장에서 일하며 느낀 점인데, 확실히 남자보다는 여자의 물건이 많다. 여자들은 옷도 다양하게 많고, 신발도 구두부터 운동화, 부츠, 샌들까지 여러 가지고, 가방도 상황별, 크기별, 디자인별로 참 많다. 양말도 마찬가지, 기본 양말에서부터 스포츠 양말, 덧버선, 여름용 발목양말 여기서 끝이 아니다. 스타킹도 길이별 두께별 다양하다, 양말을 정리할 땐 우선 종류별로 분류하고 고객에게 그중 버릴 것이 있는지 컨펌을 받은 뒤 양말을 접기 시작한다.

정리 작업 현장에서 나는 가끔 판사가 되어야 할 때가 있다. 그날도 부부의 양말을 정리하다 작은 법정이 열렸다. 고객의 양말을 다 모아놓고 보면, 고객의 양말 취향을 알 수 있는데, 아내분은 주로 무채색 계열의 양말을 신는 듯했다. 그중 분홍색 새 양말이 눈에 띈다. 현재도 신지 않고, 앞으로도 신지 않을 것이 분명해 보였다.

아내분에게 분홍색 양말을 보여주며 "고객님, 이거 신으세요?"라고 물어보니 씩 웃으며 "인터넷에서 옷을 샀는데, 양말이 사은품으로 왔거든요. 근데 잘 안 신게 되더라고요."라고 말한다. 이때 남편분이 아내분에게 한마디 한다. "신지도 않는 양말을 왜 갖고 있어? 버려."

이번엔 남편분의 양말을 접고 있는데, 구멍 난 양말이 있다. "고객님, 이 양말 구멍 났어요."라고 했더니 뜻밖의 대답이 돌아왔다. "괜찮아요." 응? 괜찮다고? 안 버린다고? 내가 의아해하니 남편분이 "러닝할 때 즐겨 신는 양말인데, 구멍 났어도 러닝할 때 전혀 지장이 없어서요."라고 말한다. '애착 양말'인 모양이다. 이때 아내분이 남편분에게 한마디 한다. "구멍 난 양말을 왜 갖고 있어? 버려."

마치 판사에게 판결을 내려달라는 듯, 부부는 동시에 나를 바라보며 "대표님, 안 신는 양말을 버려야 해요? 아니면 구멍 난 양말을 버려야 해요?" 하고 묻는다.

이와 비슷한 상황은 또 있었다. 늘어날 대로 늘어나고 구멍까지 난 너덜너덜한 잠옷이 보여 "고객님, 이 잠옷 버릴까요?" 하고 물어보니 머쓱하게 웃으며 거절한다.

"제가 제일 좋아하는 잠옷이에요. 저기 얼마 전에 산 잠옷 버릴

게요. 예뻐서 샀는데 입어보니 불편하더라고요. 몇 번 안 입어서 아까워서 가지고 있었는데 이참에 버려야겠어요”

너덜너덜한 잠옷을 버려야 할까? 멀쩡하지만 불편한 잠옷을 버려야 할까?

구멍 난 양말을 버려야 할까? 내 스타일이 아닌 분홍색 양말을 버려야 할까?

판결의 기준은 단순하다. 아무리 낡았어도 현재 잘 쓰고 있다면, 그것을 대신할 것을 아직 찾지 못했다면 가지고 있는 게 맞다. 하지만 아무리 멀쩡해도 현재도 쓰지 않고, 앞으로도 쓰지 않을 거라면 고민할 필요 없이 버리는 게 맞다.

최대한 양보해서, 5년 이상 입지 않은 옷과 쓰지 않은 물건은 당장 버리세요.

양말에서도 취향이 드러난다.

당신의 옷장은
여유가 있습니까?

　가장 정리하고 싶은 한 곳만 선택하라고 하면, 많은 사람들이 옷장을 꼽는다. 옷을 중요하게 생각하는 사람들이 많고, 또 집에서 가장 많은 공간을 차지하는 것이 옷이기 때문이다.

　옷은 단순히 몸을 보호하기 위한 수단이 아니라, 자신을 표현하는 가장 쉬운 방법이자 예의를 갖추는 방법이기도 하다. 격식을 갖춰야 하는 자리에는 정장을 입어야 하고, 등산이나 골프 등 취미가 있다면 그에 걸맞은 기능성 옷을 갖춰야 한다. 게다가 우리나라는 사계절이 있다 보니 정장, 운동복, 평상복 모두 사계절용이 있어야 한다. 상황별, 계절별로 옷을 갖추어야 하니 옷 정리가 어려울 수밖에 없다.

　필요해서 구입하는 물건은 필요한 수량도 확실하다. 마트에 가면 많은 브랜드의 화장지가 있지만, 우리는 그중 하나만 산다. 우유도 종류가 다양하지만 그중 하나만 선택한다. 옷도 화장지와 우유처럼 정말 필요한 만큼만 가지고 있다면 어떨까. 예를 들어 평소 잘 입지 않는 정장은 계절별로 하나씩만 가지고 있어도 충분할 것이다.

　그런데 현실은 그렇지 않다. 대부분의 사람에게 옷은 생필품이 아니라 자신을 표현하는 방법이다. 더 나은 것이 있다면 이미 충분히 가지고 있음에도 불구하고 또 사게 된다. 게다가 화장지는 소모품으로 쓰고 나면 사라지는데, 옷은 작정하고 버리지 않는 한 계속 쌓인다. 결국 들어오기만 하고 나가는 게 없으니 옷장이 포화 상태가 되는 것이다.

　냉정하게 나의 옷장을 들여다보자. 평소 자주 입는 옷은 몇 벌이나 될까? 꼭 가지고 있어야 하는 옷은 전체 옷가지에 비해 몇 %나 될까?

　'파레토의 법칙'에 따르면 전체의 20%가 80%의 역할을 한다고 한다. 옷도 마찬가지다. 수많은 옷 중 실제로 자주 입는 옷은 20%밖에 안 된다. 나머지 80%의 옷은 없어져도 크게 지장이 없는 것들이다. 중요하지 않은 80%의 옷이 필요한 20%의 옷을 어지럽게 만들고 있다. 새 옷을 사놓고도 까맣게 잊어버리거나, 계절이 바꿸 때마다 리빙박스를 꺼내 옷을 교체하는 엄청난 수고를 반복하게 되는 이유다.

만약 옷장에 잘 입는 옷 20%만 걸려 있다면 어떨까? 옷을 골라 입기도, 코디하기도 훨씬 쉬울 것이다. 계절이 바뀔 때마다 옷을 바꾸는 번거로움도 사라지고, 좋아하는 옷들로만 채워진 옷장을 열 때마다 기분마저 가벼워질 것이다.

옷장이 단순해지면 생각도 단순해지고,, 하루를 시작하는 마음 또한 가벼워질 거예요.

정리정돈을 하여 여유 있는 옷장의 모습. 옷 하나하나가 잘 보인다.

나를 돋보이게 하는 옷
vs 나를 초라하게 하는 옷

온라인에서 열심히 고르고, 비교하고, 리뷰까지 꼼꼼히 체크해서 구입한 티셔츠가 막상 받아보니 마음에 들지 않는다. 결국 한 번도 입지 않은 채 여태 옷장 속에 있다. 오늘따라 그 티셔츠가 눈에 들어온다. 사놓고 한 번도 안 입은 게 너무 아깝긴 하다. 반품하기에도 시간이 너무 지나버렸다. 사실 귀찮아서 반품은 잘 하지 않는다.

오늘은 그 티셔츠를 입어보기로 마음먹었다. 그 티셔츠에 어울릴만한 바지를 골라 입고 출근한다. 이런 날은 거울에 비친 모습을 수시로 체크하게 된다. 티셔츠가 영 신경 쓰이기 때문이다.

이런 경우, 티셔츠를 입고 어떤 생각이 들까?

1. 막상 입어보니 괜찮다. 진작에 입을걸. 앞으로 종종 입어
   야겠다.
2. 생각보다 나쁘지 않다. 하지만 특별히 마음에 드는 것도 아
   니다.
3. 역시 별로다. 나에게 어울리지 않는다. 내가 초라해 보이고
   자신감도 떨어진다. 기분이 별로다. 당장 집에 가서 갈아입
   고 싶다.

1번이라면 아주 다행이다. 하지만 2번이나 3번이라면, 이 티셔
츠를 어떻게 해야 할까? 다시 옷장 속으로 돌려보내야 할까? 아니
면 과감히 의류 수거함으로? 과연 이 티셔츠를 다시 입게 될까?
다시 입고, 또 그런 하루를 보내는 게 맞을까?

일본의 정리수납 전문가 곤도 마리에는 "나를 설레게 하지 않는
물건은 버려라."라는 캐치 프레이즈로 유명하다. 나를 초라하게
만들고 자신감이 떨어지게 만드는 옷이라면 더 이상 함께할 이유
가 없지 않을까. 아까워할 필요가 전혀 없는 옷이다. 이 옷을 옷장
에 다시 넣는다면, 그만큼 나를 설레게 하는 옷이 들어갈 자리가
없어지는 것이다.

매일 아침, 나를 빛나게 해주는 옷들만 있는 옷장 앞에서 기분

좋게 옷을 골라 입고 나가자. 자신감을 장착한 그날은 모든 일이
술술 풀릴 것이다.

의류 수거함은 옷을 버리는 곳이 아니고 기증하는 곳입니다. 어울리지
않아 몇번 입지 않고 옷장 속에서 자리만 차지하는 옷이 있다면 기분
좋게 기증하세요.

의류수거함에 '기부해주셔서 감사합니다'라고 적혀 있다.

나만의 가방 진열장을
마련한다

사람마다 스트레스를 푸는 방법은 다르다. 먹는다, 잔다, 걷는다, 음악을 듣는다. 그중 쇼핑으로 스트레스를 푸는 사람도 꽤 있을 것이다. 세상 걱정 근심일랑 잠시 접어두고, 오직 눈앞의 물건들에 집중하다 마음에 드는 물건 하나 손에 넣으면 이상하게 기분이 좋아진다. 내 인생이 업그레이드된 것 같은 느낌까지 받는다.

하지만 집에 들어온 순간부터 문제는 발생한다. 기분 좋게 사온 새 가방을 잘 모셔두고 싶은데 자리가 없다. 50% 할인 행사로 사온 속옷도 넣을 자리가 없어 일단 어딘가에 둔다. 이렇게 물건들이 제자리에 가지 못하고 엉뚱한 곳에 놓이면 결국 그 물건의 존재를 잊어버리고 만다. 그러고는 맬 가방이 없다며 가방을 사고, 속옷이 필요하다며 속옷을 산다. 이미 집 어딘가에 있는데도 전혀 기억하지 못한다. 그렇게 집은 점점 물건으로 가득 차고, 그런 집을 보며 정리가 안 된다고 스트레스를 받는다.

가방들이 벽면에 멋있게 진열되어 있고, 그 앞에서 옷과 어울릴 만한 가방을 고르는 것. 이는 드라마에서만 가능한 일이 아니다. 현실에서도 충분히 가능하다. 단, 공간의 한계를 인정하고 받아들이는 것이 필요하다. 한 달 수입이 정해져 있고 그에 걸맞게 가계를 꾸려가야 하듯이, 집의 공간도 마찬가지로 공간에 걸맞게 물건을 소유하는 것이 가장 중요하다. 수입보다 지출이 많으면 통장에 빚이 쌓이고, 공간보다 물건이 많으면 집에 물건이 쌓인다.

예를 들어 가방을 정리한다고 해보자. 우선 가방 두기 적절한 자리를 정한다. 그리고 집 안 곳곳에 흩어져 있는 모든 가방을 한곳에 모은다. 그래야 내가 가진 가방이 얼마나 되는지, 어떤 것은 꼭 필요하고 어떤 것은 버려도 되는지 판단이 쉽다. 어떤 걸 버려야 할지 도무지 정할 수 없다면, 반대로 꼭 있어야 하는 가방을 고르는 것도 방법이다. 사실 그것들 중에도 잘 쓰는 건 몇 개 안 된다.

나에게 꼭 필요한 가방을 잘 쓰려면 필요 없는 가방들을 과감히 비워야 한다. 아까운 마음이 들어도 걱정할 필요 없다. 비우고 나면 의외로 홀가분하고 오히려 편안해진다. 주변에 100명의 지인이 있느니 진정한 친구 2~3명이면 충분한 것과 비슷하다고 할까.

만약 버리기를 했는데도 자리가 모자란다면 답은 하나다. 나의 집에 걸맞는 가방의 자리는 그뿐이라는 것. 다른 곳에 두면 그건 더 이상 '내 가방'이 아니고 단지 '짐'일 뿐이다.

스트레스 해소를 위해 새 물건을 사는 건 순간의 기분은 좋게 할지 몰라도, 집과 마음을 무겁게 만든다. 이제는 반대로 스트레스를 받을 때마다 비우기를 해보자. 집도 가벼워지고, 기분도 가벼워진다. 통장에 돈이 쌓이는 건 덤이다.

물건이 많아질수록 쌓이는 건 행복이 아니라 짐뿐입니다.

가방은 선반에 두면 좋다.

옷을 걸고 남는 아랫공간에 가방을 둘 수도 있다.

선순환의 집
vs 악순환의 집

얼굴에 잡티 하나 없이 깨끗한 사람은 작은 잡티 하나만 생겨도 그게 눈에 확 띄어서 엄청 신경 쓰일 것이다. 반대로 얼굴에 잡티가 여러 개 있는 사람은 잡티 하나쯤 더 생겨도 아무렇지도 않을 것이다. 어쩌면 잡티가 생겼는지도 모를 것이다.

집도 마찬가지다. 집 안에 물건이 적으면, 새 물건 하나가 들어왔을 때 굉장히 눈에 띈다. 그 물건을 어떻게 활용할지, 어디에 둘지 신중하게 생각하게 된다. 물건 하나하나의 존재감이 뚜렷해서 가진 물건들을 잘 쓸 수밖에 없다. 물건 하나 사면 본전을 뽑는 사람들이다. 반대로 집에 물건이 많은 사람은 새로운 물건 하나쯤 더 들어오는 것에 전혀 신경 쓰지 않는다. 어디에 뒀는지조차 모르고, 심지어 그 물건을 샀다는 사실조차 잊어버릴 때도 있다. 이미 넘쳐나는 물건들로 인해 내가 가진 물건의 존재와 양에 대해서 감을 잃은 상태다. 이래서 미니멀리스트는 점점 더 미니멀해지고, 맥시멀리스트는 점점 더 맥시멀해지는 것이다.

이 악순환을 끊어내야 한다. 이는 사람의 성향 문제가 아니고, 악순환이 작용해서다. 물건이 적은 사람은 새 물건이 들어오면 존재감을 크게 느낀다. 그러다 보니 물건 구매에 매우 신중하다. 반대로 물건이 많은 사람은 새 물건이 들어와도 별 감흥이 없고, 그래서 또 쉽게 사들인다. 이렇게 서로 반대 방향으로 가속도가 붙는다.

그렇다고 해서 희망이 없는 건 아니다. 악순환을 끊어내는 순간, 자연스레 선순환이 시작된다. 물건을 한번 줄이고 나면, 그 홀가분함의 매력에 빠져들어 다시는 악순환으로 돌아가고 싶지 않다. '비워도 괜찮구나.', '비우니 오히려 좋구나.'라는 경험이 쌓이면서 비우기가 점점 더 쉬워지고, 결국 스스로 선순환을 만들어가는 것이다.

"정리 서비스 받고 나서 유지를 잘할 수 있을까요?"라며 걱정하는 고객이 많다. 그런 걱정이 무색하게, 정리 서비스 이후에 정리 정돈이 잘된 집이 주는 기운을 몸소 체감하게 되면 결국 스스로 강한 의지를 가지고 선순환을 유지하는 걸 자주 보았다.

인생은 늘 변화한다. 둘에서 시작한 가족이 자녀로 인해 여럿이었다가 자녀들의 출가로 다시 둘이 된다. 유행은 하루가 멀다고 계속 바뀌고, 나이가 들면서 신체 조건도 달라지고, 관심사 또한 달라진다. 변화에 따라 필요한 물건도, 가지고 있어야 하는 물건도 달라지는 것은 당연하다. 문제는 물건을 들일 때는 적극적이면서, 비워낼 때는 소극적이라는 점이다. 필요 없어졌음에도 버리지 않고, 그저 새로운 것만 사들이다 보니 집이 물건으로 넘쳐나는 건 당연한 결과이다. 이게 바로 악순환의 삶이다.

집이 정리되어 흐름이 단순해지면, 마음도 단순해지고 집중력이 생기고 힘도 생긴다. 하는 일에도 더 몰입할 수 있고, 좋은 기회를 잡는 운도 따를 수 있다. 많은 사람이 성공을 위해 노력하고, 경제적 자유를 위해 재테크를 하는데 선순환의 시작은 집에서부터다. 결국 집 안에서 선순환을 만든 사람이, 인생에서도 선순환을 쉽게 이어간다.

어제는 어떤 새 물건이 들어왔나요? 마지막으로 버린 물건은 무엇인가요?

PART 3

"집을 정리하니
마음도 자산도 풍족해지네"

평안을 주는 정리, 돈이 되는 정리

무소유
vs 다다익선

무소유와 다다익선 중 어느 말이 더 끌리는가? 대상이 무엇이냐에 따라 다를 것이다. 대상이 친구라면, 친구는 없는 게 좋을까? 많은 게 좋을까? 사람마다 생각이 다르겠지만, 대부분은 친구가 없는 것보다는 많은 게 좋다고 생각하지 않을까. 이번엔 돈이다. 돈은 무소유가 좋을까? 다다익선이 좋을까? 당연히 다다익선이 좋다. 다들 조금이라도 더 가지기 위해 오늘도 내일도 열심히 산다.

그런데 돈이 많으면 마냥 행복할까? 집도 있고, 건물도 있고, 돈도 많은 사람을 보면 부러운 마음이 먼저 든다. 하지만 그들도 나름의 고충이 분명 있을 것이다. 가진 것들의 가치가 떨어지지 않도록 늘 신경 써서 관리해야 하고, 그것을 기반으로 더 큰 이익을 내야 한다는 압박감도 있을 것이다. 반면 가진 게 없는 사람은 그런 골치 아픈 고민은 하지 않아도 된다. 잃을 게 없으니 차라리 마음이 편하다. 물론 돈이 너무 없으면 괴로울 테지만.

이번에는 집 안의 물건들을 생각해보자. 무소유와 다다익선 중 무엇이 더 끌리는가. 물건의 무소유라면 왠지 홀가분하고 평화롭고 안정된 기분이 든다. 반대로 물건의 다다익선이라면 생각만 해도 머리가 지끈거리고 답답하다.

물건을 소유하게 되면 그것들을 사용해야 한다는 의무감 같은 것이 생기는데, 물건이 많을수록 물건을 잘 사용하기란 어렵다. 어떤 물건이 어디에 얼마만큼 있는지조차 알 수 없다. 분명 소중한 돈과 시간과 에너지를 쏟아 구매한 물건인데 말이다. 게다가 내가 가진 자산 중 가장 비싼 물건 '집'이라는 곳에 자리까지 내주고 있는데 제대로 쓰지 않는다면 이중 손해 아닌가. 그야말로 돈이 새고 있는 것이다.

소유하는 물건이 적으면 이야기가 달라진다. 물건이 적으면 관리도 쉽고, 정리도 쉽다. 신발 하나, 바지 하나…… 내가 가진 모든 물건을 적재적소에 유용하게 잘 쓸 수 있다. 흔한 말로 본전을 뽑는다. 아니, 본전보다도 몇 배로 잘 쓰게 된다. 이런 경우엔 물건이 낡아서, 더 이상 쓸 수 없는 상태가 되어서 버린다. 그래서 버릴 때도 결정이 쉽다. 적게 소유하고, 잘 쓰고, 잘 버린다. 그야말로 이상적인 라이프스타일이다.

좀 더 보태면, 저렴한 물건을 여러 개 사느니 고급스럽고 좋은 물건을 몇 개만 사서 잘 쓰는 것이 나를 더 빛나게 해주는 현명한 소비이지 않을까.

많이 가지려 하지 말고, 가지고 있는 것에 집중해보면 어떨까요.

나의 사계절 옷은 이게 전부다.

자존감이
자랄 수 있는 환경

　한번은 정리 서비스를 의뢰하려는 고객과 한 시간 넘게 전화 상담을 했다. 들어보니 집에 물건이 꽤 많은 듯했다. 정확한 견적과 좀 더 자세한 이야기를 나누기 위해 고객의 집을 직접 방문했다. 15층 엘리베이터에서 내리니, 양쪽으로 집이 있었다. 어느 쪽이 고객의 집인지 굳이 호수를 확인할 필요가 없었다. 이미 문 앞부터 물건들이 쌓여 있었기 때문이다.

　문을 열고 들어가는 순간, 깜짝 놀랐다. 사전에 전화로 상담을 했기에 물건이 많을 거라고 생각했는데, 내 예상이 틀렸다. 물건이 보통 많은 게 아니라 심각한 수준이었다. 주방, 거실, 방 할 것

없이 모든 공간이 물건으로 뒤덮여 있었다. 옷이며 식품이며 책이
며 온갖 물건이 장소와 종류 구분 없이 뒤엉켜 있었고, 뜯지도 않
은 새 상품들도 수두룩했다. 아까 들어서면서 현관문 앞에 대형
화장지 묶음이 배달되어 있는 걸 봤는데, 집 안을 둘러보는 중에
도 대형 화장지 묶음을 10개나 더 봤다. 바닥에 쌓이고 깔린 물건
들 사이로 겨우 지나다닐 수 있었다.

집에는 세 가족이 살고 있었다. 마침 고등학생 딸이 집에 있었
는데, 표정이 어두웠다. 아무리 내가 정리 전문가라 해도, 한창 예
민할 나이인데 이런 집을 타인에게 보여주는 게 불편했을 것이다.
짐작해보자면, 이런 집에서 산다는 게 너무 부끄럽고 속상하지 않
았을까.

집에 돌아온 후 자꾸 그 아이의 얼굴이 떠올랐다. 마음이 아팠
다. '그 아이는 학교에서 친구들과 어떻게 지낼까?' 내가 심리학자
는 아니지만, 집 상태와 아이의 표정을 보고도 알 것 같았다. 아이
는 아무런 의욕이 나지 않고, 우울할 수밖에 없지 않을까. 자존감
은 바닥을 치고 있을 테고 말이다. 이런 집에 살면 누구든 그렇게
될 것이다.

대한민국 보통의 집처럼 외동딸의 교육에 관심이 많고, 딸의 학
업에 아낌없이 투자하는 듯했지만, 다 소용없어 보였다. 나 역시
두 아이를 키우는 엄마다. 아이들 교육에 관심이 많고 욕심도 많
지만 학업보다 더 중요한 게 있음을 안다. 공부를 잘하는 아이보

다 자존감이 높은 아이로 키우는 게 더 중요하다. 그러는 편이 아이가 행복한 미래를 살아가는 데 더 도움이 될 것이라고 믿는다. 자존감이 높은 아이가 공부를 잘할 확률도 훨씬 높다.

과연 그토록 정리되지 않은 집에서 아이의 자존감이 건강하게 자랄 수 있을까? 자존감 이전에 아이는 과연 그 집에서 평안할까? 그 아이의 마음 한편에는 늘 집의 상태가 무겁게 자리 잡고 있을 것이다. 이미 스스로 패배자라고 여길 수도 있다. 다행인 건 원인이 확실하니 해결법도 확실하다는 것. 지금 그 아이에게 절실히 필요한 건 오직 정돈된 집이다. 사명감이 불타오른다.

고등학생 딸이 본인도 정리하는 날 같이하고 싶다고 해서, 일부러 날짜를 주말로 잡았다. 드디어 정리 당일, 우리 팀과 온 가족이 정리에 참여했다. 몇 명은 고객이 정해준 유통기한을 기준으로 날짜가 지난 물건들을 골라냈다. 또 몇 명은 끝도 없이 나오는 폐기물을 처리하느라 바빴다. 또 몇 명은 가족과 함께 버릴 물건들을 골라냈다. 버리기를 주저하던 고객은 딸의 눈치를 보곤 과감히 비우기 시작했다. 역시 자식의 힘이란 대단하다.

필요 없는 물건들이 집 밖으로 쭉쭉 빠져나가면서 집의 바닥이 조금씩 드러나기 시작했다. 동시에 고등학생 딸의 얼굴도 점차 환해졌다. 내 속도 이렇게 시원한데, 고객 가족은 얼마나 속이 시원할까 싶었다.

이날은 비우기만으로 하루가 끝났다. 그 후로 두 번의 작업을 더

하고 나서야 정리를 끝낼 수 있었다. 정리가 끝난 집의 모습은 진짜 내가 봐도 놀라웠다. 이런 일은 이사로도 안 되고, 리모델링으로도 불가능하며, 청소로도 해결되지 않는다. 오직 정리로만 해결할 수 있다. 집보다 더 달라진 건 고객 가족의 표정이다. 고등학생 딸이 웃는 걸 처음으로 봤다. 감히 말하는데 이번 작업은 공간 정리를 넘어 심리치료라고 생각됐다. 고등학생 딸에게 이보다 더한 선물이 있을까. 이날 이후로 180도 바뀔 아이의 인생이 기대된다.

정리를 미루고 있는 동안, 가족의 자존감과 행복도 함께 미뤄지고 있는지도 모릅니다.

Before

After

마음이 복잡할 때의
특효약

아이는 없고 부부 둘만 사는데, 이사 후 정리를 원한다는 의뢰를 받았다. 사전 방문 약속을 잡는데, 필히 남편이 없는 시간이어야 한다고 했다. 정리 서비스는 주로 아내 쪽이 신청하는데, 종종 남편에게 있는 그대로 말하지 않는 경우가 있다. 심지어 정리 서비스를 받았음을 남편에게 숨기는 경우도 있다. 돈 주고 정리 서비스를 받는다는 데에 남편 쪽이 부정적인 편이기 때문이다. 남편에게 굳이 말하지 않고 먼저 서비스를 받은 뒤에 통보하는 경우, 8명이 작업했는데 남편에게는 3명이 작업했다며 비용을 줄여 말하는 경우, 남편에게는 혼자 정리했다고 말하고 넘어가는 경우……. 도저히 혼자서는 정리할 엄두를 내지 못하는 아내들이 정리 서비스를 받기 위해 온갖 방법을 동원한다. 아내 쪽의 007작전에 우리 팀이 적극적으로 참여하는 이유는 결과를 알기 때문이다. 지금까지 이런 경우 100이면 100 남편도 만족해했다. 아니, 오히려 "이 정도일 줄 몰랐다.", "생각했던 것보다 너무 좋다."라며 아내보다 더 좋아했다.

어쨌든 고객의 요청대로, 남편이 없는 시간에 방문해 집을 구석구석 둘러보며 고객이 원하는 바와 불편한 사항들을 자세히 들었다. 계약하기로 하고 작업 날짜를 정하는데, 이때도 역시나 고객은 남편이 없는 평일을 원했다. 그리고 무조건 남편 퇴근 전에 끝내야 하고, 우리 팀과 마주치면 안 된다고 신신당부했다.

그런데 정리 작업을 하다 보면 변수가 수시로 발생한다. 계약 당시에는 계획에 없었지만, 고객과 정리 방향에 관해 얘기를 나누다 보면 가구 이동이 생기기도 하고, 고층아파트에 엘리베이터가 달랑 1대뿐이라 쓰레기 배출에 의외로 시간이 많이 소요될 때도 있고, 집 안 곳곳의 선반이 휘어 있어 다 뒤집다 보면 예상보다 작업 시간이 더 걸리기도 하고, 망가진 곳이 발견돼서 고치다 보면 늦어지기도 한다.

그래서 계약할 때 이 점에 대해서는 고객에게 필히 고지를 한다. 되도록 제시간에 끝나게 작업하겠지만, 혹시나 연장의 가능성도 있다고 설명했다. 그러자 고객은, 절대 연장은 안 된다며 작업

인원을 1명 더 늘려서라도 무조건 제시간에 끝내달라고 했다. 남편에게 단순히 서프라이즈를 하고 싶은 게 아니라 뭔가 다른 사정이 있는 것 같았다.

정리 방향에 대해 오래 얘기를 나누다 보면, 고객의 개인적이고 내밀한 사정까지 알게 되기도 한다. 정리할 땐 그 사람의 성향이나 생활 패턴을 반영해야 하기 때문에, 고객에 대해서 많이 알면 많이 알수록 좋다.

역시나 이번에도 이야기가 길어지니, 고객의 사정을 듣게 되었다. 고객은 남편분과 말 안 하고 지낸 지 3년이 넘었다고 했다. 남편과 사이가 그러니 스트레스와 의욕 저하로 집 안은 점점 더 엉망이 되고, 그런 집이 또 스트레스가 된다고 했다. 도저히 이렇게는 안 되겠다 싶어서, 집이라도 정리가 되어야 살 것 같아서 정리 서비스를 신청했다고. 그러지 않고서는 부부도 집 안도 계속 암흑일 것만 같았다고 한다.

작업 당일. 인원까지 늘린 상황이었지만, 혹시 몰라 점심 시간도 줄이고, 쉬는 시간도 생략해 가며 손에 모터를 단 듯 일했다. 그 덕분에 예정된 시간보다 빨리 끝났다. 그동안 여러 가지로 마음이 힘들었던 고객은 정리된 집을 보며 힘을 얻는 것 같았다. 얼굴에 생기가 돌았다.

사실 나는 이 작업을 준비하면서 내심 '정리의 힘이 어디까지인지 한번 지켜보자.' 싶었다. 분명 집을 정리하고 나면 고객이 남편과 화해하리라고 생각했다. 아니, 화해를 하는 기적(?)이 일어나길 간절히 바랐다.

　그리고 한 달 정도 지났나. 고객에게 장문의 카톡이 왔다. 남편과 화해했다는 것이다. 집이 정리되고 나니, 마음도 정리가 되면서 마음의 여유도 생겼다는 것이다. 그렇게 되니 남편과 왜 싸웠는지, 뭐가 문제였던 건지 다시 한번 차분하게 생각하게 되었고, 먼저 남편에게 편지로 마음을 표현했다고 한다. 오랫동안 냉전 관계였던 남편의 반응이 어떨지 걱정이 많았는데, 다행히 긍정적인 답이 와서 화해를 하게 됐단다.

　정리 서비스를 신청한 아내뿐 아니라 남편에게도 깔끔하게 정리된 집은 큰 힘과 위로가 되었을 듯하다. 이번에도 007작전은 대성공이다.

마음이 복잡하다면 정리를 해보면 어떨까요. 눈에 보이는 것이 정리되면 마음도 정리됩니다.

정리정돈이 잘된 집은 보는 것만으로도 힐링이 된다.

평창동 어느 회장님댁은 무엇이 다를까?

어느 날 의뢰 전화를 받았다. "리모델링이 끝나고 다시 입주해 짐을 풀고 있는데 아무래도 전문가의 도움이 필요할 것 같아서요." 라는 서두는 여느 정리정돈 의뢰와 같았다.

상황을 파악하기 위해 좀 더 자세히 이야기를 들어보았다. 그리고 이곳이 평창동의 어느 회장님 댁이라는 사실을 알게 되었다. 전화를 끊고 나니 자연스레 부잣집은 무엇이 다를지 궁금해졌다. 과연 그들의 집은 어떤 모습일지, 어떤 특별한 점이 있을지 상상하게 되었다.

정리 작업 당일. 평창동의 주차장에 도착했을 때, 집사분이 친절

하게 집 안으로 안내해주었다. 1층에 들어서자마자 눈에 띄는 것은 중앙에 자리 잡은 큰 조형물이었다. 이 조형물은 로비의 중심을 잡아주며, 공간에 독특한 분위기를 더해주었다. 로비 옆에는 손님들을 위한 아늑한 게스트룸이 자리하고 있었다.

엘리베이터를 타고 2층으로 올라가니, 넓고 환한 거실과 현대적인 주방이 펼쳐졌다. 거실은 가족들이 함께 모여 시간을 보낼 수 있는 편안한 공간으로 꾸며져 있었고, 주방은 요리를 즐기기에 충분한 설비와 공간을 갖추고 있었다.

3층으로 올라가니, 가족의 개인 공간이 마련되어 있었다. 침실은 각자의 취향에 맞게 꾸며져 있었고, 드레스룸은 옷과 액세서리를 정리하기에 충분한 공간을 제공하고 있었다.

주방은 너무나 인상적이었다. 한 벽면 전체가 그릇장이었는데, 손님 초대가 많다 보니 다양한 그릇과 와인잔으로 가득했다. 그릇과 잔들이 오브제처럼 빛났다. 바로 그 앞에는 큰 식탁이 놓인 다이닝 룸이 있고, 그 옆으로 대형 아일랜드 식탁이 있는 오픈형 외부 주방 그리고 실제 조리를 담당하는 내부 주방이 위치해 있었다.

공간이 넓으면 그만큼 채우고 싶은 게 사람의 심리일 텐데, 회장님댁의 주방은 아주 간결했다. 손님 접대용 그릇이 다양했을 뿐 그 외엔 필요한 만큼만 있었다. 그 덕에 주방은 활동 동선에 딱 맞게 적재적소에 모든 물건을 둘 수 있었고, 여유 공간까지 적정하게 확보되어 아주 완벽한 주방이 되었다.

  3층의 드레스 룸은 마치 명품 매장을 그대로 옮겨 놓은 듯했다. 옷이 명품이라는 이야기가 아니다. 정돈된 상태가 명품이었다. 통일된 옷걸이가 주는 단정함은 생각보다 대단하다는 것을 다시 한번 느낄 수 있었다. 어디 한 곳 넘쳐나는 물건이 없었고, 각 공간은 적당한 여유까지 가지고 있었다. 명품이 아닌 옷조차도 명품처럼 빛났다. 같은 옷이라도 어떻게 보관하느냐에 따라 품격이 완전히 달라진다는 것을 보여주는 공간이었다.

  '회장님 집이니까 당연히 그렇겠지.', '일하는 사람이 있으니까 가능하지.'라고 생각할지 모른다. 실제로 현장에서 보면 꼭 그렇지만도 않다. 집이 크면, 돈이 많으면 소비에 여러모로 부담을 못 느끼다 보니 물건을 쉽게 사들인다. 그래서 물건의 양이 엄청나고, 정리는 더 어려워진다. 결국 큰 집일수록 전문가의 도움이 필요할 때가 많다. 집안일을 도와주는 분들은 청소를 해줄 뿐이지, 정리를 해주지는 못한다. 결국 그 집의 정리 상태는 집주인의 손에 달려 있다.

  누구나 알만한 최고급 아파트, 최고급 주택의 집 안 모습은 우리가 상상하는 것과 전혀 다른 집이 많다. 최고급 인테리어와 값비싼 가구도 넘쳐나는 물건들에 가려지면 그 가치를 발하지 못한다. 감히 말하는데, 집의 품격을 결정짓는 것은 '정리정돈'이다. 정리정돈이 되어 있어야 값비싼 인테리어와 가구도 빛을 발한다. 정리정돈 전후의 모습을 현장에서 몸소 겪는 이로서 확언할 수 있다. 정리정돈 후, 완전히 다른 집이 되고, 같은 가구도 다른 가구처럼 보이는 마법이 일어난다.

회장님이 퇴근해 들어오셨다. 사모님과 따뜻한 말투로 존대하며 인사를 나누는 모습이 인상적이었다. 잘 정돈된 공간에서 살아가는 부부의 여유로운 마음과 서로에 대한 존중이 고스란히 느껴졌다. 정리는 단순히 집 안을 깔끔하게 만드는 일이 아니라 가족의 관계와 삶의 질까지 바꾸는 일임을 다시금 느낄 수 있었다.

평창동 저택은 손쉽게 얻을 수 없지만, 정리정돈으로 마음의 여유를 얻을 수는 있습니다.

마치 오브제처럼 예쁘게 정리된 와인잔과 그릇.

편집숍 쇼룸을 옮겨 온 듯한 드레스룸.

부자들의 정리법은
따로 있다?!

대한민국 사람 누구나 이름만 대면 알만한 집, 로또가 돼도 살수 없는 비싼 집, 그런 대단한(?) 집에 많이 다녀봤다고 하면 사람들은 "그런 집은 뭐가 달라요?", "부잣집은 다 정리가 잘되어 있어요?"라며 흥미를 비친다. 때로는 "부자가 되려면 어떻게 해야 해요?", "부잣집들만의 다른 점이 있어요?"라는 심오한(?) 질문도 받아봤다. 그걸 알면 나도 진작에 부자가 됐겠지. 그 비법을 담은 책도 냈겠지. 대박이 났겠지. 그래서 더 부자가 됐겠지.

그런 질문을 여러 번 받다 보니, 진짜 그런 게 있는지 한번 생각해봤다. 현장에 나가서도 그런 비밀이 어디 숨어 있나 유심히 살

펴보았다. 같이 일하는 이들과 그 주제로 진지하게 얘기해본 적
도 있다. 결론은…… 그런 거 없다. 사람 사는 게 다 똑같다는 말
이 있지 않은가. 그 말이 딱 맞다. 다만 부잣집을 정리하며 몇 가
지 느낀 점이 있다.

부잣집은 고급 가구를 사용한다

부잣집들을 보면서 확실히 느낀 건 '가구는 좀 좋을 걸 사야겠
구나.' 하는 것이다. 집 안에서 가장 오래 사용하게 되는 물건 중
하나가 바로 가구다. 가구는 단순히 물건을 수납하거나 앉고 눕는
기능을 하는 것에 그치지 않고, 집 안의 분위기를 결정짓는 중요
한 요소로 작용한다. 예를 들어, 아무리 좋은 옷이나 물건을 가지
고 있어도 그것들이 놓여 있는 공간이 어수선하거나 조화롭지 않
다면 그 가치는 반감될 수 있다. 반면에, 잘 선택된 가구는 그 자
체로도 아름다움을 발산하며, 공간을 더욱 돋보이게 만든다.

좋은 가구를 선택하는 것은 단순히 외관상의 문제를 넘어서, 우
리의 삶의 질을 높이는 데 큰 영향을 미친다. 가구는 매일 우리의
시야에 들어오고, 우리가 생활하는 공간의 중심에 자리 잡고 있기
때문이다. 따라서 가구를 선택할 때는 약간의 부담이 되더라도 품
질 좋은 제품을 선택하는 것이 좋다. 이는 단순히 물건을 구매하
는 것이 아니라, 나 자신을 존중하고 더 나은 생활 환경을 만드는
과정이라고 할 수 있다.

좋은 가구는 시간이 지나도 그 가치를 잃지 않고 오히려 더 깊은 멋을 발산한다. 시간이 흐르면서 자연스럽게 생기는 사용감과 흔적은 그 가구만의 이야기를 만들어내며, 공간에 따뜻함과 개성을 더해준다. 이런 점에서 가구는 단순한 소비재가 아니라, 우리 삶의 일부로서 오랜 시간 함께할 동반자라고도 할 수 있다. 그러므로 가구를 선택할 때는 신중하게 고민하고, 나에게 가장 잘 맞는 가구를 찾아보는 것이 중요하다.

부잣집에는 금고가 있다

그건 맞다. 금고가 여러 개 있는 부잣집도 있었다. 금고라고 해서 다 크고 비싼 것은 아니다. 스툴 의자 정도 크기의 아담한 금고도 있다. '부자들은 다 금고가 있구나. 금고가 있으면 부자가 될 수 있으려나? 나도 금고 하나 들여놔볼까?' 하고 진짜 진지하게 생각해본 적도 있다. 결론적으로 지금 우리 집엔 금고가 없다.

부자들은 돈이 많으니까, 금고 안에 보관해야 할 귀중품이 있으니까 금고를 들인 것이다. 금고가 있다고 돈이 들어오는 것은 아니다. 물건은 필요할 때 사야지, 사고 싶다고 사는 게 아니다. 무작정 금고를 샀다가, 마땅히 넣을 게 없다면 결국 자리만 차지하는 애물단지가 된다.

100평이라도 물건이 넘쳐나면 일상이 불편하다

강변북로, 올림픽대로를 지나면서 한강변에 있는 집들을 보면 어떤 생각이 드는가? '얼마나 비쌀까?', '저 사람들은 뭐해서 저렇게 돈이 많을까?', '한강 보여서 좋겠다.', '불꽃 축제할 때 짱이겠다.', '집안도 멋지겠지?' 등등 부러움 반, 한탄 반으로 되뇌어본 적 있지 않은가?

그런데 현실은 그 좋은 집들도, 그 비싼 집들도 물건들로 몸살을 앓고 있다. 원룸부터 100평이 넘는 집까지 다녀보면서 알게 된 것은, 다들 자기 집 평수에 비해 적게는 1.5배, 많게는 2배의 물건을 가지고 산다는 것이다. 20평대 사는 사람은 30평대만큼의 물건을 가지고 살고, 100평에 사는 사람은 150평에 사는 사람처럼 물건을 가지고 산다. 집이 작으면 작은 대로, 크면 큰 대로 다들 자기 집에 비해 많은 물건을 가지고 산다. 바꿔 말하면, 가지고 있는 물건의 양은 자기 조절이 가능하다는 뜻이기도 하다. 마음먹기에 달렸다는 것이다.

거실의 3면이 통창문으로 서울숲이 한눈에 내려다보이는 70억 대의 고급 아파트. 그 멋진 거실 통창문 앞에 김치냉장고가 떡하니 놓여 있었다. 주방 물건 수납이 다 안 돼서, 김치냉장고 옆에 철제 선반까지. 그 좋은 집 거실에, 서울숲이 훤히 내려다보이는 통창문앞에 김치냉장고와 주방 선반이라니. 주방이 작아서 그랬을까? 60평대에 자녀들은 독립해서 부부만 살고 있었고, 층고가 매우 높아서 수납공간도 아주 넉넉하고, 서브 주방까지 있었다. 이 작업에서 관건은 거실의 통창문을 가리고 있는 김치냉장고와 철제선반을 없애는 것이었다. 주방에 수납된 많은 물건을 싹 다 꺼내 하나하나 살펴보니 생각보다 필요 없는 게 많았고, 그것들을 다 비우고 나니 보조주방에 있던 선반까지 필요가 없어, 그 자리에 김치냉장고를 둘 수 있었다. 드디어 거실 삼면의 통창문은 시원하게 뚫렸고, 이제야 70억대의 고급 아파트다운 멋진 거실이 되었다. 모두 제자리를 찾은 것이다.

우리 집도 한번 되돌아보자. 집은 자산의 상당 부분이 들어간 비싼 물건이다. 현재 우리 집의 가치를 제대로 누리고 있는가? 혹시 넘쳐나는 물건들로 아깝게, 불편하게, 정신없게 살고 있지는 않은가?

'내게 좋은 집'이란 비싼 집이 아니라 '제대로 사용하고 있는 집'이 아닐까요.

돈이 모이는 집
vs 돈이 새는 집

　서울의 최고가 아파트의 평당 가격은 3억 5천만 원이 넘는다. 그 돈이면 지방에서 아파트 한 채를 살 수 있다. 서울 아파트의 평균 평당 가격은 약 4,500만 원, 전국 아파트 평균 평당 가격은 약 1,700만 원이다. 어마어마한 가격이다. 이 비싼 공간을 우리는 제대로 누리고 있을까?

　옷장 속에 꽉꽉 들어찬 옷, 베란다와 팬트리에 쌓인 물건들, 언젠가 쓰겠다고 넣어둔 물건들. 이 모든 게 우리 집 평수를 갉아먹고 있다. 당신의 집이 30평이라면 그중 5평이 물건으로 가득 차 있다면, 1억~2억 원가량의 공간을 필요 없는 물건에 내준 셈이다.

5평이면 방 하나 크기이고, 월세로 따지면 매달 수십만 원을 내며 불필요한 물건을 '보관만' 하는 것이다. 이건 단순히 공간 낭비만이 아니다.

첫째, 물건을 사는 순간 돈이 새기 시작한다. 필요하지 않은데도 '세일이라서', '예뻐서'라는 이유로 물건을 산다. 이때 1차로 지갑에서 돈이 나갔다. 그런데 여기서 끝이 아니다. 그 물건을 들여놓기 위해 공간이 필요하고, 공간이 부족하니 수납 가구를 사고, 더 나아가 '정리가 안 된다.'라며 큰 집을 바라게 된다. 결국 물건 하나가 도미노처럼 지출을 일으킨다.

둘째, 보관의 비용이다. 물건은 사는 순간부터 관리비가 붙는다. 넣어둘 자리, 청소할 수고, 기억할 에너지, 심지어 "저거 어디 있지?" 하고 찾는 데 드는 시간까지. 보관은 공짜가 아니다. 눈에 보이지 않게 돈을 계속 삼켜 먹는다.

셋째, 답답한 공간은 에너지까지 빼앗는다. 물건이 많아지면 시야가 복잡해지고, 머릿속도 같이 복잡해진다. 작은 일에도 짜증이 나고, 쉬어도 쉰 것 같지 않다. 심리적으로는 늘 해야 할 일을 끌어안고 사는 느낌이 든다. 이건 정신의 누수다.

결국 물건을 쌓아놓고 사는 집은 돈, 공간, 시간, 에너지가 동시에 새는 것과 다름없다. 반대로 돈이 모이는 집은 모든 공간이 제 기능을 한다. 거실은 가족이 모이는 곳이고, 침대는 쉬는 곳이고, 식탁은 언제든 편안히 식사하는 곳이다. 있어야 할 것만 있는 공

간은 그 자체로 생산성이 올라간다. 이런 집에서는 돈이 새어 나
갈 수가 없다.

정리정돈을 하면 불필요한 소비가 줄고, 충동구매가 사라진다.
무엇보다 '이미 충분히 가지고 있다.'라는 감각이 생긴다. 그 순간
부터 돈은 모이기 시작하는 것이다.

모두 조금이라도 더 벌기 위해, 조금이라도 더 재산을 불리기
위해 열심히 노력한다. 하지만 아무리 벌어도 집에 돈이 새고 있
다면 그건 '밑 빠진 독'인 것이다. 많이 버는 것도 중요하지만 그
보다 더 중요한 것은 가진 것을 새지 않게 하는 것이다. 집은 단순
히 사는 곳이 아니라, 당신의 '가장 큰 자산'이다. 그 자산의 가치
를 깎아 먹는 게 물건이라면, 반대로 그 가치를 올려주는 건 정리
가 아닐까.

정리가 된 공간은 사람의 집중력을 높이고, 생산성을 높입니다.
정리정돈이야말로 최고의 재테크입니다.

꽉 찬 물건들로 인해 드나들기가 힘든 드레스룸.

집 안에 좋은 기운을
불러오는 비법

현관문 열자마자 보이는 정면에 거울을 두면 복이 날아간다, 침대의 헤드는 동쪽을 향해야 한다, 방에는 식물을 두면 좋지 않다는 등 집에 재물운과 성공운이 들어오게 해준다는 풍수지리설들이 있다. 진짜로 그럴까? 현관에 거울 둘 위치가 정면밖에 없는데, 침대의 헤드를 동쪽으로 두자니 가구 배치가 영 마음에 안 드는데, 가습기 대신 방에 식물을 두고 싶은데 어떡하지?

현장에서 이와 관련한 질문을 받으면 딱히 확답은 하지 않는다. 다만 고객이 풍수지리에 신경 쓰는 편이라면 철저하게 반영해 정리 작업을 한다. 풍수지리에 맞지 않는 가구 배치로 고객의 마음이 불편하다면 이미 그것부터가 나쁜 기운의 시작일 테니까 말이다. 근데 재물운이나 성공운을 불러오는지는 모르겠지만, '이렇게 했을 때 집 안의 기운이 나빠진다.' 하는 몇 가지는 확실히 말할 수 있다. 너무 당연한 이야기일지도 모르지만, 그렇기에 자칫 더 놓치기 쉬우므로 다시 한번 언급해보도록 하겠다.

절대 창문은 막지 마라

환경의 영향을 크게 받는 인간에게 집의 채광과 환기는 매우 중요하다. 빛이 잘 들어오는 곳에서 지내는 사람은 표정이 환해지고, 어둡고 칙칙한 곳에서 사는 사람은 마음마저 어두워지기 쉽다. 그렇다고 반창문을 통창문으로 바꿀 필요까지는 없지만, 제발 있는 창문은 막지 말자.

창문을 가리면 좋지 않을 것이라는 건 누구나 알 것이다. 그런데도 창문이 막혀 어둑어둑한 방을 만날 때가 종종 있다. 왜 창문을 막았을까? 결국 짐 때문이다. 짐에 치여 수납 가구를 사고, 가구를 추가로 놓으려다 어느새 창문까지 막게 되는 것이다. 가구가 창문을 막고 있으면, 공간이 어두워질 뿐만 아니라, 환기까지도 어렵다.

창문을 막아두게 되면 청소를 해도 얼마 지나지 않아 먼지가 뽀얗게 앉는다. 공기 순환이 안 되면 집에서 어떤 냄새가 나는지, 몸에서 어떤 냄새가 나는지 인식하지 못하게 된다. 환기가 되지 않는 공간은 나쁜 기운을 계속 쌓아두고 사는 것이나 마찬가지다.

매일 창문을 열어, 묵은 공기와 나쁜 기운을 내보내고, 새 기운을 받자. 맑은 공기, 쾌적한 환경에서 몸과 마음에 좋은 기운이 깃든다.

쓰임이 다한 물건을 집에 두지 마라

말라 비틀어 죽은 화분은 누가 봐도 흉측스럽다. 집에 아름다운 꽃을 두지는 못할망정 죽은 화분이라니, 당장 버리자(버리는 방법을 몰라서 어쩔 수 없이 가지고 있는 경우도 많은데, 164쪽 '이것들은 지금 당장 버려도 됩니다'를 참고하자). 그 외에도 이 나간 그릇, 고장난 가전, 망가진 캐리어, 가죽이 삭은 의자 등 쓰임이 다한 물건은 집에 두지 말자.

관리가 안 되는 공간이 없도록 한다

물건도 관리 가능한 만큼만 가지고 있는 게 좋듯이, 집도 내가 관리 가능한 크기가 좋다. 너무 넓은 집은 소외되는 공간이 생길 수밖에 없다. 관리가 안 되는 공간은 아무래도 쓸데없는 물건이 쌓인다. 이는 나쁜 기운을 만드는 행위와 같다. 방치된 짐이 가득한 공간, 생각만 해도 음침하다. 그 방을 열 때마다 한숨이 나온다. 의외로 이런 공간을 둔 집이 많다. 방문 견적에 나가보면 고객들이 주로 "이 방이 제일 문제예요" 하면서 아주 기운이 나쁜 공간을 보여준다. 가장 흔한 곳이 베란다가 아닐까. 베란다를 보면 그 집의 상태를 짐작할 수 있을 정도다.

책장이 창문을 완전히 가리고 있다. 환기가 되지 않는 공간은 나쁜 기운을 계속 쌓아두고 사는 것과 다름없다.

실내복은 이왕이면
예쁘고 편한 옷으로

무릎이 튀어나온 운동복 바지, 목이 늘어난 티셔츠는 그만큼 자주 입은 것이니 잘한 소비라고 할 수 있다. 그런데 이제 더는 외출복으로 입을 만한 상태가 아니다. 이런 옷들은 어떻게 해야 할까? 버려도 조금도 아깝지 않지만, 우리는 절약 정신을 발휘해서 꽤 괜찮은 용도를 찾아낸다. 바로 실내복! '이제는 집에서 입어야지.' 하고 집에 두는 경우가 많다.

자주 입어서 허름해진 옷 말고도, '입고 나가자니 뭔가 마음에 들지 않는 옷'도 버리기는 아까우니 '집에서 입어야지.' 하고 집에 둔다. 그런데 애초에 그 옷은 용도가 외출복이라 실내에 입기는 불편한 게 사실이다.

이렇듯 필요 없는데도 실내복으로 입으면 된다는 그럴듯한 핑계를 대며 버리지 않는다. 그렇다 보니 어느 집이든 실내복이 넘쳐난다. 실내복이라는 용도로 집에 그대로 보관되고 있지만, 실제 실내복으로도 거의 입지 않는다. 결국 옷장에 자리만 차지하는 것이다.

필요하지 않은 옷에 공간을 내어주었으면서 옷장에 넣을 공간이 없다며 불편함을 호소한다. 좋아하는 옷이 구석에 구겨져 있고, 입을 옷을 찾기 어려울 만큼 중구난방으로 옷들이 섞여 있다. 얼마나 어리석은 일인가.

나 역시 한때는 목 늘어난 티셔츠와 무릎 나온 운동복 바지를 집에서 입었다. 그러다 우연히 지인에게 생일 선물로 파자마를 받아 입게 됐는데, 생각보다 만족감이 컸다. 집에서는 늘 후줄근하고 해진 옷만 입다가 예쁘고 깔끔한 옷을 입으니 기분이 좋았다. 조금 더 거창하게 말하면 자존감이 올라가는 것 같달까.

그 후 파자마의 매력에 빠져 실내복으로 입던 낡은 옷은 모두 버렸다. 나뿐 아니라 가족 모두 제대로 된 실내복을 입기로 하고 파자마를 사 입었다. 예쁜 파자마를 실내복으로 입으니 집 안 분위기마저 바뀌었다.

파자마는 나를 사랑하고 나를 소중히 대해주는 하나의 방법이라는 생각이 들었다. 이것이 아이에게 미치는 영향도 가볍지는 않을 것이다. 집에서도 예쁘고 단정한 옷을 입고, 자신을 소중히 여기는 법, 아이의 자존감을 키워주는 방법이기도 하다.

집에서 입는 실내복에도 신경 써보세요. 나를 소중히 대해준다는 마음으로 예쁜 파자마 세트를 사보면 어떨까요. 나에게 주는 선물로 말이에요.

주는 사람의 매너와
받는 사람의 지혜가 충족될 때

'내게는 필요 없지만 아직 쓸만한 멀쩡한 물건'을 필요한 사람에게 주는 '나눔'은 참 좋은 일이다. 특히 아이들은 빠르게 성장하기 때문에 장난감이나 책, 옷 등이 금방 필요 없어지곤 한다. 이런 물건들을 그냥 버리기보다는 필요한 사람에게 나누면 나누는 사람도 나눔을 받는 사람도 모두 의미가 있다. 나누는 사람은 환경을 보호하는 동시에 기분도 좋고, 나눔을 받는 사람은 경제적으로 도움이 되어 가계 부담을 줄일 수 있다.

나눔은 환경보호에 기여한다. 물건을 재사용함으로써 쓰레기를 줄이고, 자원을 절약할 수 있다. 물건을 새로 생산하고 폐기하는 과정에서 발생하는 환경 오염을 줄이는 데도 도움이 된다. 이러한 작은 실천들이 모여 지구를 더 건강하게 만들 수 있다.

나눔의 큰 장점 중 하나는 사람들 사이의 따뜻한 연결을 경험할 수 있다는 것이다. 물건을 주고받는 과정에서 서로의 마음을 나누고, 작은 친절이 큰 감동으로 이어질 수 있다. 이러한 경험은 우리 사회를 더 따뜻하고 살기 좋은 곳으로 만든다. 나눔을 통해 우리는 물질적인 것 이상의 가치를 얻을 수 있다. 단순히 물건을 주고받는 것을 넘어, 서로의 삶에 긍정적인 영향을 미치는 소중한 경험이 된다.

나눔을 받을 때 주의할 점

대신 주의할 점이 있다. 나눔은 내가 선택한 물건이 아니기 때문에, 나의 취향이 전혀 반영되지 않은 물건이라는 점이다. 챙겨주는 마음이 고맙고 공짜이기도 하니 일단 받게 되지만, 막상 손이 잘 가지 않는 경우가 많다.

특히 아이들 옷이 그렇다. 옷은 사람마다 취향이 다르고, 옷의 상태에 따라 내 아이에게 입히려니 망설여질 때도 있다. 가령 아주 큰 옷을 나눔 받으면 대개 그 상태 그대로 어딘가에 넣어둔다. 그러다 보면 나눔 받은 옷을 깜박하고 못 입히고 지나갈 때도 있고, 그 옷을 기억하고 '이제 입혀야지.' 하고 꺼냈는데 막상 마음에 드는 옷이 별로 없을 수도 있다. 그러면 필요 없는 물건을 계속 보관만 하게 된 셈이 된다.

나는 아이들 용품을 나눔 받으면 바로 꺼내 우리 아이에게 어울릴지, 언제쯤 쓸 수 있을지 확인한다. 마음에 드는 것, 잘 입힐 것 같은 것만 보관하고, 애매하거나 손이 안 갈 것 같은 것은 그 자리에서 과감히 비운다.

나눔 받은 물건을 쓰지 않고 버린다고 해서 미안해할 필요는 없다. 그 물건은 이미 쓰임을 다한 것들이다. 내가 다시 한번 잘 쓸 수 있다면 좋은 것이고, 버려도 크게 문제될 것이 없는 물건인 셈이다. 감사한 마음은 잘 기억해두고, 물건은 우리 집 상황에 맞게 냉정하게 정리하는 것이 좋다.

나눔할 때 주의할 점

나눔은 고마운 일이지만, 받는 사람으로선 어느 정도 부담이 되는 것도 사실이다. 그래서 나눔을 할 때도 몇 가지 매너를 갖추면 좋겠다.

첫째, 물건의 상태 확인은 기본이다. 좋은 것도 아니고, 나쁜 것도 아닌 애매한 상태라면 나눔을 하지 않는 것이 맞다. 나눔을 할 때는 기준점을 조금 높게 잡아서, 누가 봐도 멀쩡하고 깨끗하고 좋은 것만 나눠주는 것이 맞다.

둘째, 선택권을 주자. 떠넘기듯이 무조건 주지 말고, 우선 그 물건이 필요한지 물어본다든지, 사진까지 찍어 보여주면 더욱 좋다.

받는 사람의 취향과 상황을 존중하는 태도다.

셋째, 양 조절이 필요하다. 한 번에 너무 많은 물건을 주면 받는 사람이 감당하기 벅찰 수 있다. 타이밍이라는 말이 있다. 같은 물건도 언제 어떻게 주느냐에 따라 물건의 가치가 달라질 수 있다. 적당한 시기에 적당한 양을 주면 받은 사람은 더 기쁘게 받고, 더 잘 쓸 수 있을 것이다.

나눔은 나에게 필요 없는 물건을 처분하는 것이 아니라, 필요한 곳에서 다시 가치 있게 쓰임을 이어가도록 물건을 전하는 '따뜻한 연결'이다. 주는 사람은 좀 더 세심하게 물건을 나누고, 받는 사람은 그 물건의 쓸모를 고려하여 현명하게 선별해 집에 들이자. 그래야 나눔이 오가는 모든 집이 더 단정하고 따뜻해질 수 있다.

나눔이 조심스럽다면, '굿윌스토어'나 '아름다운 가게'에 기부하는 방법도 있습니다.

각 잡는 것보다
편리함에 중점을 두었을 때

정리된 집이란 구체적으로 어떤 상태를 말하는 걸까? 집에 특별히 더 욕심을 내고 싶고 시간과 에너지에 여유가 있다면, 옷을 반듯하게 접고, 색깔별로 걸어두고, 물건들을 각 잡아 세팅해도 좋다. 그렇게 정리했을 때 만족감과 안정감을 느끼는 사람들도 있다. 하지만 요즘은 맞벌이 부부도 많고, 운동이나 취미생활까지 챙기며 워라밸을 즐기는 사람이 많다. 그러려면 정리정돈에 투자할 시간과 에너지가 부족할 것이다.

꼭 각 잡고 정리정돈할 필요는 없다. 쾌적한 환경에서 편리한 생활만 가능하면 된다. 심미성보다는 실용성에 초점을 맞춘 정리면 충분하다.

군대처럼 모든 물건이 일렬로 반듯하게 각이 잡혀 있고, 백화점 매장처럼 반짝거릴 필요는 없다. 중요한 건 물건이 종류별로 한곳에 모여 있고, 그 양이 적당하며 누구나 필요할 때 바로 꺼내 쓸 수 있게 하는 것. 이것이 정리의 핵심이다.

호텔식 수건 접기가 예쁘기야 하지만

호텔식 수건 접기가 유행한 적이 있었다. 지금도 종종 호텔식 수건 접기를 가르쳐 달라는 요청을 받는다. 사실 나는 그것만큼 비효율적인 일이 없다고 생각한다. 하루에 가족들이 쓰는 수건을 생각해보자. 남자들은 대개 한 장이면 끝인데, 여자들은 아닌 경우가 많다. 수건을 티슈 뽑아 쓰듯 술술 쓰고, 그것을 다시 빨아서 두는 과정이 반복된다. 이런 수건을 굳이 호텔식으로 접을 필요가 있을까? 수건 접기에 시간과 에너지를 쏟을 필요가 있을까? 적당히 접어 제자리에만 둬도 좋다.

옷은 개는 게 맞을까? 거는 게 맞을까?

옷을 개는 일은 쉬운 일이 아니다. 티셔츠, 바지, 속옷, 양말 등 종류마다 개는 방법도 다르다. 그래서 옷을 개는 일은 가족 누구나 할 수 없지만, 옷걸이에 거는 것은 누구나 할 수 있다. 무엇보다 옷은 접혀 있을 때보다 옷걸이에 걸려 있을 때 골라 입기도 훨씬 편하다. 옷을 접어두면 구겨질 뿐 아니라 옷끼리 쌓여 안 보이는 옷이 생길 수밖에 없다. 옷을 개어두면 관리와 유지가 어렵다.

하지만 옷을 걸어두면 가진 옷을 한눈에 파악할 수 있고 유지도 쉽다. 심지어 리빙박스에 옷을 담아 넣어두는 경우도 봤다. 옷은 리빙박스에 들어가는 순간, 활용도가 급격히 떨어진다. 옷은 되도록 옷걸이에 걸자. 속옷 빼고는 다 걸어도 된다. 그게 나도 살고, 옷도 사는 길이다.

반팔은 서랍에 넣어야 할까? 걸어야 할까?

얇은 반팔 티셔츠, 두툼한 맨투맨, 어떤 옷을 걸고, 어떤 옷을 서랍에 넣어야 할까? 되도록 모든 옷은 걸어두는 게 사용하기 편하다. 하지만 걸 자리가 부족하다면 어떻게 해야 할까?

대부분 얇은 티셔츠를 서랍에 접어 넣고, 두툼한 맨투맨을 걸어둘 것이다. 이는 잘못된 방법이다. 얇은 옷은 서랍에 넣으면 엄청 많이 들어간다. 그게 문제다. 실컷 힘들여 개면 뭐 하나. 서랍에 들어가면 순식간에 다 풀어지고 뒤엉킨다. 반대로 두툼하고 부피가 큰 맨투맨을 서랍에 넣는다면? 몇 개 안 들어간다. 그래서 좋은 거다. 두툼하고 몇 개 없어서 잘 흐트러지지 않는다.

또 얇은 옷은 옷걸이에 걸면 엄청 많이 걸 수 있다. 얇은 옷은 가벼워서 세탁소 옷걸이 또는 그와 비슷한 두께의 옷걸이로 걸어도 문제없다. 반팔이나 얇은 옷은 4계절 내내 안에 받쳐 입는 경우도 많으므로 옷걸이에 걸려 있으면 더더욱 좋다. 행거에는 최대한 많이 걸고, 서랍에는 최대한 적게 보관하는 게 사용하기도 관리하기도 편하다. 기억하자! 반팔은 걸고, 맨투맨은 서랍이다.

양말은 좌우가 없다

중학생인 우리 아이들은 하얀색 스포츠 양말만 신는다. 그래서 나는 처음부터 양말을 살 때 같은 디자인의 양말을 10개 묶음으로 산다. 그러면 한 짝이 구멍 나도, 같은 양말들이 있기 때문에 마지막 한 짝이 남을 때까지 알뜰하게 신을 수 있다.

그리고 나는 양말을 접지 않는다. 건조가 끝난 양말을 그대로 아이들 옷장 양말 칸에 넣는다. 아이들은 양말 칸에서 두 개씩만 꺼내 신으면 된다. 애초에 모두 같은 양말이라 짝을 맞추지 않아도 되기 때문이다.

더 이상 꼬박꼬박 개지 말자

개지 않는 건 팬티도 마찬가지다. 건조가 끝난 팬티는 접지 않고 그대로 각 사람의 팬티 두는 자리에 넣어둔다. 가족들은 갑 티슈 뽑듯 팬티를 한 장씩 꺼내 입으면 된다. 또 나는 아이들 어릴 적 가제 손수건도 접지 않았다. 한창 아기 키울 때 가제 손수건을 하루에 수십 장씩 쓴다. 얇고 쭈글쭈글한 가제 손수건은 접을 때 은근히 손이 많이 간다. 방금 빨래를 끝내고 잘 접어둔들 하루이

틀이면 다 써버린다. 어차피 곧 쓸 텐데, 굳이 접을 필요가 있을까? 접지 말고, 그냥 그대로 넣어두고 하나씩 꺼내써도 되지 않을까? 정리에는 힘을 써야 할 때가 있고, 힘을 빼도 될 때가 있다.

각 잡힌 정리가 아닌 쓸모 있는 정리면 충분합니다.

같은 디자인의 양말을 사서 접지 않고 쌓아둔다.

PART 4

"오늘부터
정리정돈을 시작합니다"

정리정돈에 바로 적용할 수 있는 꿀팁

물건의 자리를
정해두면 좋은 점

우리는 매일 물건을 찾는 데 시간과 에너지를 허비한다. 가령 아침에는 차 키를 찾아 헤매고, 점심에는 휴대폰 충전기를 찾고, 저녁에는 TV 리모컨을 찾는다. 물건을 찾는 데 걸리는 시간을 모두 더해보면 하루에 짧게는 10분, 길게는 30분, 1년 중 약 5~7일을 물건 찾는 데 허비한다. 단순히 불편하다고 넘길 일이 아니다. 물건의 자리가 정해져 있을 때 우리의 생활은 이렇게 달라진다.

물건을 찾기 쉽고 정리도 쉬워진다

마트에서 장을 봐왔다고 해보자. 물건들의 자리가 정해져 있지 않다면, '이건 어디 두지? 저건 어디 두지?' 우왕좌왕하다 결국 비어 있는 아무 데나 밀어 넣게 된다. 그렇게 물건들은 뒤죽박죽 섞이고, 우리는 정리에서 점점 더 멀어지게 된다. 상황이 이러하니 필요한 물건을 바로바로 찾아 쓰기란 당연히 불가능하다. 장 봐온 것들을 제대로 다 먹고 쓸 수 있을지도 확신할 수 없다. 반대로 물건의 자리가 정해져 있다면 마트에서 장 봐온 것들을 정리하는 것에서부터 그 물건을 쓰는 일까지 모든 것이 매끄럽게 흘러간다. 다들 이런 생활을 원하는 것이 아닌가.

중복 소비를 막는다

집 안 곳곳에 흩어진 건전지를 생각해보자. 거실장에도 있고, 신발장에도 있고, 책상, 주방에도 있다. TV 리모컨 건전지를 교체해야 하는데, 그에 맞는 건전지를 찾을 수가 없다. 급하니 일단 사고 본다. 분명 집 어딘가에 있을 텐데 말이다. 나중에 우연히 삭아서 쓸 수 없게 된 건전지를 발견한다. 만약 건전지의 자리가 정해져 있었다면, 가지고 있는 건전지 모두를 한눈에 확인할 수 있어 불필요한 지출이 줄어든다. 이런 경우는 건전지 외에도 허다하다. 생활 전체로 보면 무시할 수 없는 금액이다.

버리기가 쉬워진다

흰색 반팔 티셔츠는 늘 어느 정도의 수량이 꼭 있어야 하는 기본 아이템이라서, 혹시라도 부족하면 안 되기 때문에 잘 버리지 못한다. 흰색 반팔 티셔츠의 자리를 정하고, 그곳에 모두 모아보자. 먼저, 생각보다 많은 양에 놀란다. 그리고 상태가 좋은 것과 나쁜 것이 확연히 구별된다. 다 모아두고 눈으로 직접 확인하는 순간, 버리기가 쉬워진다. 물건은 모아둬야만 비교 선택이 가능하다.

응급 상황에 대비할 수 있다

아이가 다쳤다고 생각해보자. 급하게 소독약과 반창고를 찾는데 보이지 않는다. 아이는 울고, 부모는 애가 탄다. 모든 상비약이 한자리에 모아져 있다면, 다급한 순간에도 침착하게 대처할 수 있다. 작은 정리 습관 하나가 위급한 순간에 큰 차이를 만든다.

정리정돈을 결심했다면, 우선 집 안의 물건을 종류별, 쓰임별…… 하나의 기준을 정해 모아보자. 그러면 어떻게 방향을 잡을지 눈에 보인다.

모으는 순간 정리가 시작됩니다.

가능하다면 티셔츠는 색깔별로 걸어둔다.

모든 상비약은 종류별로 구분해 한자리에 둔다.

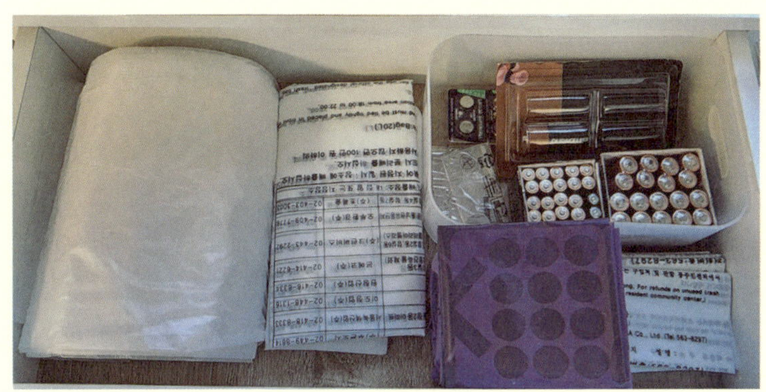

건전지는 모두 한곳에 넣어두고 낱장으로 흩어지기 쉬운 종량제봉투도 모아둔다.

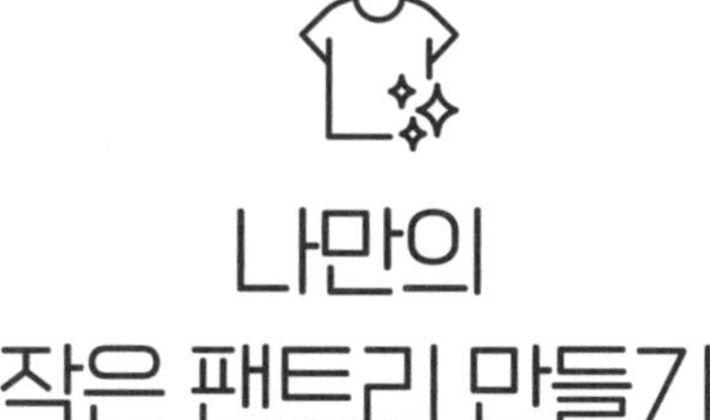

나만의
작은 팬트리 만들기

언젠가부터 팬트리 있는 아파트가 많이 생기면서 '우리 집에도 팬트리가 있으면 얼마나 좋을까?', '팬트리가 없어서 물건을 둘 데가 없네.', '팬트리가 없어서 정리를 못 한다.'라고 생각하는 사람들이 있다. 그놈의 팬트리, 우리 집에도 얼마든지 만들 수 있다.

책장을 팬트리로!

어느 집이나 책장은 있을 것이다. 아이가 어릴 때는 필수 가구였으나, 아이가 크고 나면 필요가 없어진다. 근데 버리기엔 아직 멀쩡한 경우가 많다. 이럴 때 책장을 팬트리로 활용하면 좋다.

생수, 세제 등 부피가 큰 물건은 그대로 칸마다 넣는다. 칫솔, 치약 등 크기가 작은 물건은 책장 칸의 크기에 맞는 바구니에 넣고 서랍처럼 쓰면 더욱 편리하다. 투명 바구니는 안의 물건이 훤히 보여 사용하기 편리하다. 그보다는 깔끔한 게 좋다면 하얀색 바구니를 선택하면 된다.

선반을 설치해 자투리 공간을 팬트리로!

베란다나 세탁실 쪽 자투리 공간에 선반을 설치해 작은 팬트리를 만들 수도 있다. 수납력을 높이고 싶다면 선반은 가능한 한 높고, 단은 많은 것이 좋다. 같은 크기의 선반이라도 단이 몇 개냐에 따라 수납력의 차이가 크다. 단과 단 사이의 높이는 30cm면 충분하다. 물건마다 높이가 다르니 원하는 대로 단 조절이 가능한 선반이면 더욱 좋겠다. 요즘은 가로, 세로, 깊이 그리고 단의 개수까지 내가 원하는 대로 주문할 수 있는 선반이 많이 나온다(151쪽 QR 참조). 집 안을 둘러보고 노는 공간을 찾아보자. 생각지도 못했던 자투리 공간이 훌륭한 팬트리로 바뀔 수 있다.

홈던트하우스

신발장을 팬트리로!

신발장에는 신발만 넣는다고 생각하기 쉽다. 사실 신발장은 꽤 괜찮은 팬트리다. 내부가 깊지 않고, 선반도 촘촘히 많이 있어서 많은 물건을 사용하기 편리하게 수납하기 너무 좋다. 신발장에서 꼭 필요한 것만 남기고, 잘 신지 않는 신발들을 정리해보자. 그리고 남는 공간을 팬트리로 사용해보자. 신발장 선반은 대개 높이 조절과 탈부착이 가능하다. 넣고 싶은 물건의 높이에 따라 선반을 떼어낼 수도 있다. 떼어낸 선반은 다른 선반과 겹쳐 보관해두었다가 필요할 때 꺼내 쓴다. 부피가 큰 물건은 그냥 두면 되고, 부피가 작은 물건은 내부 칸에 맞는 바구니를 이용해 서랍처럼 사용하면 된다.

마음만 먹으면 집에 얼마든지 팬트리를 만들 수 있다. '넓은 별도의' 수납공간이 핵심이 아니라 '물건을 한눈에 보고 한 번에 쉽게 꺼낼 수 있는' 수납공간이면 된다. 집 안에 짜투리 공간 어디든 팬트리가 될 수 있고, 필요 없는 가구가 팬트리 역할을 훌륭히 해낼 수 있다.

집 안을 둘러보며 팬트리로 바꿀 공간을 찾아보세요.

책장을 눕혀 팬트리로 만들 수 있다. 흰 바구니는 라벨링을 해주면 좋다.

(위) 사용하지 않는 화장실에 선반을 설치해 물건을 수납한 모습.
(가운데) 좁은 세탁실에 선반을 설치해 물건을 수납한 모습.
(아래) 신발을 비우고 생긴 여유 공간을 팬트리로 활용한 모습.

아이가 몇 살이든
상관없는 만능가구

아이는 태어나서 성인이 될 때까지, 성장에 맞춰 옷도 사주고 신발도 사주고 장난감도 사주고 책도 사주고 끊임없이 계속 사줘야 한다. 문제는 더 이상 필요 없어진 물건은 집에 그대로 있는데, 새 물건이 계속 집으로 들어온다는 것이다. 어느새 집은 넘쳐나는 물건들로 엉망이 되어 있다.

새 신발을 사면 작아진 신발은 버리든, 나눔을 하든, 당근을 하든 바로 처리해야 한다. 새 책을 사기 전에 시기가 지난 책을 먼저 비우고, 그 자리에 새 책을 꽂아야 한다. 이를 알면서도, 아이를 먹이고 씻기고 재우는 것만으로도 하루가 금방 가고 에너지는 바닥이라 쉽지 않다. 하지만 분명한 건 집이 엉망이면 육아도 집안일도 훨씬 더 힘들다. 아이 물건은 하나를 비우고, 하나를 채워야 함을 꼭 기억하자.

아이가 있는 대부분의 집은 아이 성장에 맞춰 가구도 바꾼다. 아기 있는 집에 트롤리 없는 집이 없다. 그리고 어느 정도 아이가 크면 장난감장을 들인다(한샘의 샘키즈장은 국민 장난감장으로 불릴 정도다). 그다음은 전면 책장이나 낮은 책장을 사고, 본격적으로 책을 접해야 하는 시기가 되면 큰 책장을 들인다.

아이 물건과 마찬가지로, 가구도 하나를 들였으면 하나를 비워야 하는데, 비우지는 않고 새로 들여오기만 한다는 것이 문제다. 그래서 아이가 성장했음에도 불구하고 트롤리부터 전면책장까지 모두 다 가지고 있다. 결국 벽이란 벽엔 이 가구, 저 가구로 가득 차서 집 안에 빈 벽이란 보이지 않고, 결국 너무나 답답한 공간이 되어버린다.

이쯤 해서 한번 생각해보자. 굳이 아이 성장에 맞춰 가구까지 바꿔야 하는 걸까? 옷과 장난감, 책과 달리 가구는 새로 들이고 비운다는 게 쉬운 일이 아니다. 비용도 만만치 않고 말이다. 가구 정도는 하나로 쭉 쓸 수 없을까? 바로 그 가구를 지금 소개하고자 한다. 신생아부터 성인이 될 때까지 하나로 끝낼 수 있는 만능가구, 바로 '책장'이다. 포인트는 이 평범한 책장의 사용법이다.

영아기 책장 활용

책장을 하나만 사서, 세우지 말고 눕혀서 쓴다. 책장의 칸만큼 그리고 맨 위에도 물건을 올릴 수 있어 수납공간이 아주 넉넉하다. 책, 장난감, 옷, 기저귀, 물티슈 무엇이든 넣으면 된다. 수시로 쓰거나 아이 손에 닿으면 안되는 것은 맨 위에 올려두면 둔다. 필요에 따라 바구니를 쓰면 책장이 서랍장으로 변신한다. 하나의 책장이 서랍장 역할까지 하는 것이다.

하나의 책장을 눕혀 서랍장처럼 사용한다.

유아기 책장 활용

장난감도 많아지고, 책도 많아지는 시기다. 이때 같은 책장을 하나 더 사서, 기존 책장 위에 올린다. 이때 책장과 책장 사이 밀림 방지 스티커를 부착한다. 책장을 눕히는 이유는 가구의 높이를 최대한 낮추기 위해서다. 가구의 높이가 낮을수록 집은 넓어 보이고 안정된 느낌이 든다.

이제는 아이가 직접 원하는 장난감과 책을 고르는 시기이므로 아이 손이 닿는 위치에 그것들을 수납한다. 맨 아래쪽 칸에는 바구니를 이용해서 장난감을 수납하고, 그 위쪽 칸에는 책을 꽂는다. 장난감과 책의 양을 보고 정하면 된다.

아이 손이 닿지 않는 맨 위쪽 칸에는 아이가 좀 더 커야 읽을 수 있는 책들과 장난감을 둔다. 아이 책과 장난감은 되도록 한 곳에 모아놔야 사용 시기를 놓치지 않고, 제때에 유용하게 잘 쓸 수 있다.

똑같은 책장을 하나 더 사서 위쪽으로 칸을 늘려 사용한다.

아동기와 청소년기 책장 활용

아동기는 책, 장난감, 교구, 보드게임, 미술용품, 학습교재 등 아이의 물건이 폭발하는 시기다. 이제는 책장을 세워 한 벽을 가득 채워야 한다. 이때쯤 책상을 많이 구입하는데, 테이블만 있는 책상을 사서 책장 앞에 붙이면 마치 세트처럼 활용할 수도 있다.

청소년기에는 참고서, 문제집, 교재처럼 무겁고 큰 책들이 늘어난다. 이때는 책장을 본격적으로 학습용으로 써야 한다. 칸마다 과목별, 용도별(학원별), 주제별로 구분해 꽂아두면 효율적으로 쓸 수 있다.

책장을 세워 본래 기능대로 사용한다. 똑같은 책장을 더 사서 한쪽 벽면을 모두 채운다.

고등학교 졸업 이후 책장 활용

아이들이 다 커서 더 이상 책장이 필요없는 시기가 되어도, 책장은 여전히 쓸모가 많다.

드레스룸에 두면 두꺼운 니트를 접어두거나 가방, 모자를 올려두기에 딱이다. 베란다에 두면 아주 쓸모 있는 팬트리가 된다.

책장을 가방 진열장으로 사용한다.

■ 아이 성장 단계별 만능책장 활용법

성장 단계	책장 배치 방법	수납 포인트	체크리스트
영아기 (0~2세)	책장 1개를 눕혀서 사용	기저귀, 옷, 장난감, 물티슈 뭐든지 수납 가능 작은 물건들은 바구니 사용해서 서랍장처럼 활용	아기 손에 닿으면 안 되는 물품은 맨 위
유아기 (3~6세)	책장 2개를 눕혀서 쌓기	윗줄은 책, 아랫줄은 바구니를 이용해 장난감 수납	아이 눈높이에 맞춰 책과 장난감 두기 가구 높이는 되도록 낮게 유지
아동기 (7~12세)	책장 추가해 세워서 사용	책, 교구, 미술용품, 보드게임 등 모든 아이 물품 정리 가능	책상을 앞에 붙여 세트처럼 활용도 가능
청소년기 (13~18세)	학습용으로 사용	참고서, 문제집, 교재 등	과목별 · 용도별 구역 나누기
성인기 이후	책장 외 활용	드레스룸 – 두꺼운 니트, 모자, 가방 등 의류 소품 정리 팬트리 – 각종 생활용품 수납	필요에 따라 바구니 사용

결국 이 책장은 아이전용가구가 아니라, 가족의 생활 주기에 맞춰 끝까지 함께 가는 만능 가구이다.

유튜브 영상

알아두면 일상이 편해지는
정리 습관 4원칙

정리가 사람에게 미치는 영향은 말로 다 설명할 수 없을 정도다. 인생도 바꿀 수 있는 게 정리다. 정리정돈의 힘은 너무나 강력해서 한번 경험하게 되면 계속 유지하며 살 수밖에 없다. 이러한 환경을 한 번도 경험해보지 못한 사람만큼 안타까운 일이 없다고 생각한다. 다음의 네 가지 정리 습관을 들여보자.

제자리에 두기

예쁘게 정리하지 않아도 괜찮다. 각을 잡을 필요도 없다. 중요한 건, 물건이 늘 제자리에 있어야 한다는 것이다.

둘 자리가 없다면 사지 않기

맘에 드는 청바지를 발견했다. 그렇다고 무조건 사면 안 된다. 내가 가진 청바지들을 떠올려보자. 새 청바지를 둘 자리는 있는가? 둘 자리가 없다면 사면 안 된다. 대신 집에 있는 청바지 중 하나를 버릴 수 있다면 사도 좋다. 모든 물건은 이렇게 사고, 이렇게 관리해야 집의 질서가 무너지지 않는다.

선 재고 파악, 후 구매하기

사고 싶은 물건이 있으면 집에 그것이 얼마나 있는지 재고를 파악한 후에 구매한다. 그래야 중복 구매를 막을 수 있고, 소비기한이 지나서 아깝게 버리는 일이 없다. 이것이 바로 돈도 아끼고, 공간도 아끼는 길이다.

주기적으로 비우기

수시로 청소, 빨래, 설거지를 하듯이 비우기도 수시로 해야 한다. 물건이 집에 들어오는 건 쉬워도, 나가는 건 쉽지 않다. 한 달에 한 번, 일주일에 한 번 정해두고 비우기에 소홀하지 말자. 종이 가방이나 비닐봉지를 들고, 집 안을 둘러보며 비울 물건을 찾아보자.

이것들은 지금 당장
버려도 됩니다

정리의 시작은 버리기라는데, 버리기가 제일 어렵다. 일단 고민할 필요 없이 바로 버려도 되는, 아니 당장 버려야 되는 물건들부터 집 안에서 비워보자.

생활용품

- 망가진 우산 → 작은 우산은 종량제봉투, 큰 우산은 대형폐기물 신고
- 소비기한 지난 식품들 → 음식물쓰레기
- 심하게 스크래치 나고, 변색된 플라스틱 밀폐용기 → 플라스

틱 분리배출

- 유통기한 지난 의약품 → 약국 또는 보건소
- 오래된 일회용 나무젓가락 → 종량제봉투
- 코팅이 벗겨진 프라이팬 → 금속 분리배출
- 소비기한 지난 호텔 어메니티 → 종량제봉투

침구류·의류

- 사용한 지 오래된 이불과 베개솜 → 의류수거함(홑이불) 또는 대형폐기물(솜이불과 베개 솜)
- 작아진 아이 옷과 신발 → 의류수거함(신발은 짝을 지어 끈을 묶거나 비닐봉지에 담아 넣기)
- 보풀이 일고 늘어난 옷들 → 의류수거함
- 짝 없는 양말 → 종량제봉투(의류수거함 불가)
- 가죽이 삭은 가방 → 종량제봉투(상태가 좋은 가방은 의류수거함)

가전·잡화

- 고장 난 가전제품 → 폐가전 무상방문수거 신청(168쪽 QR 참조)
- 사용하지 않는 실내 자전거와 러닝머신 → 대형폐기물 신고
- 가죽 시트가 삭아서 사용하지 않게 되는 안마의자 → 대형폐기물 신고
- 한 번도 쓰지 않은 가전 부속품(건조기 선반, 오븐 석쇠, 냉동실

얼음통 등) → 재질에 따라 분리배출

종이류

• 너무 많은 쇼핑백 → 종이 분리배출(비닐 코팅된 것은 종량제봉투)

• 영수증 → 종량제봉투

• 지난 비행기티켓과 관광지 팜플렛 → 종량제봉투

• 필요 없는 명함 → 종량제봉투

• 기한 지난 쿠폰 → 종량제봉투

• 다 풀었거나 시기가 지난 문제집 → 종이 분리배출

• 지난 학교·유치원 공문 → 종이 분리배출

• 지난 달력 → 종이 분리배출

기타

• 죽은 식물 → 종량제봉투

• 화분의 흙 → 화단 및 야산

• 화분(도자기, 유리 소재) → 중소형은 특수규격봉투, 대형은 깨서 특수규격봉투 또는 대형폐기물 신고

• 망가지고 먼지 쌓인 아이 작품 → 종량제봉투

• 오랫동안 사용하지 않은 지갑 → 종량제봉투

• 예전 기종의 핸드폰 케이스 → 종량제봉투

특수규격봉투란 종량제봉투에 버릴 수 없는 타지 않는 소재의 쓰레기(깨진 유리, 도자기, 사기그릇, 화분, 타일 등)나 대형폐기물로 분류되지 않는 소형폐기물 그리고 단일 소재가 아닌 혼잡 소재물로 분리배출이 어려운 쓰레기를 버리는 전용 봉투로, 종량제봉투를 파는 곳이나 지정된 판매처에서 구매 가능하다.

다만 처리 방법은 지자체마다 다를 수 있으니 정확한 방법은 환경부 생활폐기물 분리배출 누리집을 참고하자(168쪽 QR 참조).

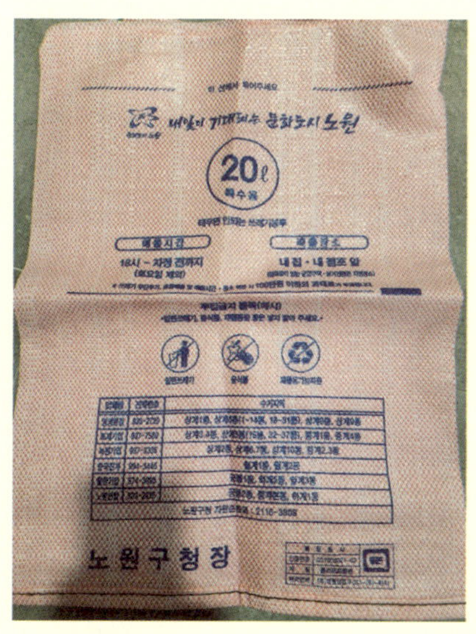

특수규격봉투 예시

폐가전
무상 방문
수거 신청

생활폐기물
분리배출
누리집

인스타
영상

정리 전문가가 추천하는
다이소 수납용품 Best 3

다이소에서 구매할 수 있는 수납용품 3가지를 소개한다. 이것만 있으면 전문가 도움 없이도 깔끔히 정리할 수 있다.

1위 다용도칸막이정리함2호

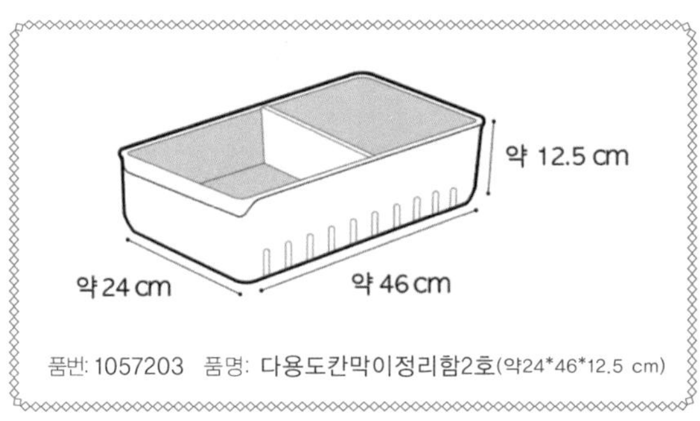

46cm의 긴 투명 바구니로 내부가 깊은 수납장에 매우 유용하다. 칸막이를 원하는 위치에 고정하면, 한 바구니 안에서 두 가지 물건을 분리해서 수납할 수 있다.

주방 수납에 활용

안쪽으로 깊은 주방 수납장. 너무 깊고 넓다 보니 어떻게 써야 할지 몰라 뒤죽박죽, 엉망진창이다. 이런 공간의 문제점은 안쪽을 사용하기 어렵다는 것인데, 이곳에 이 정리함을 쓰면 서랍이 되어 안쪽의 물건까지 사용이 편리해진다. 서랍 당기듯 정리함을 당겨, 안쪽에 있는 물건도 쉽게 확인하고, 쉽게 꺼낼 수 있다.

주방 서랍에는 다양한 물건이 뒤섞이기 일쑤인데, 이 정리함을 넣어 종류별로 구분해 정리하면, 아주 깔끔하고 사용하기에도 편리하다.

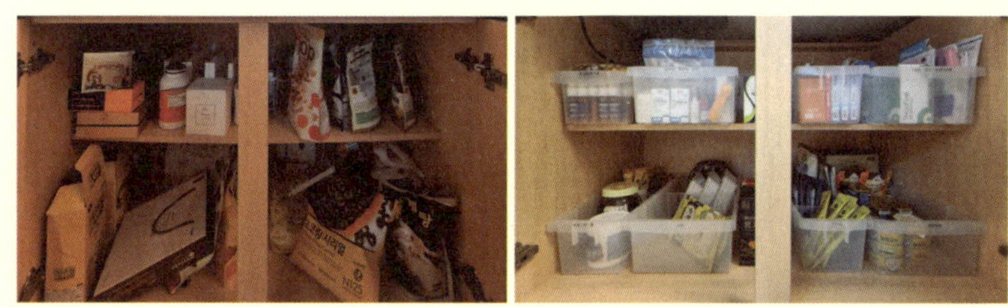

주방 수납장 정리 Before & After

주방 서랍 정리 Before & After

드레스룸 수납에 활용

　드레스룸이나 옷장의 틈새 수납으로 꽤 쏠쏠한 역할을 한다. 옷을 걸고 남는 아래 공간에 이 정리함을 넣으면 없던 서랍이 생기는 효과가 있다. 모자, 속옷, 양말, 스카프, 벨트 등 작은 소품을 수납하는 데 좋다.

옷을 걸고 남는 아래 공간에 서랍이 생겼다.

냉동실 정리에 활용

냉동실은 마구잡이로 쌓이고 쑤셔 들어가 특히 안쪽 아래쪽의 식품은 뭐가 있는지 확인하기 어렵다. 이때 이 정리함이 있으면 냉동실을 서랍처럼 사용할 수 있어 편리해진다. 이때 식품들은 가로로 눕혀서 쌓지 말고, 나무 심듯이 세로로 넣어야 한다. 그래야 정리함을 빼면 담긴 식품들이 위에서 한눈에 보이고, 쉽게 꺼낼 수 있다. 물론 정리함을 쓰지 않고 막 쑤셔 넣고 쌓는 것이 더 많이 들어간다. 하지만 식품은 많이 보관하는 게 중요한 게 아니고, 있는 식품을 잘 꺼내 먹을 수 있게 하는 것이 중요하다.

참고로 냉동실 정리용품으로 다용도칸막이정리함2호와 모양은 같은데, 높이가 두 배인 창신리빙 다용도저안트레이를 추천하다. 높이가 높으면 그만큼 물건을 더 많이 안정적으로 담을 수 있고, 공간활용도 훨씬 좋다.

위는 다이소 제품으로, 아래는 창신리빙 제품으로
냉동실을 정리한 모습.

2위 도이수납함 중형

호불호가 없고, 어디에 둬도 잘 어울리는 팔방미인 수납함이다. 비슷비슷한 모양의 수납함이 여러 브랜드에서 나오는데, 최저가와 최고가의 차이가 2배 이상이다.

역시나 가성비를 자랑하는 다이소답게 가장 저렴한 가격임에도 다른 수납함들과 견주어 품질에 별 차이가 없다.

드레스룸 수납에 활용

하얀색의 단정한 수납함이 형형색색의 정신없는 드레스룸에 차분함을 안겨준다. 모자, 가방, 양말, 골프용품, 스카프 등 의류 소품 보관하기 딱이고, 뚜껑이 있어 청결하게 보관할 수 있고 적재도 가능하다.

173

팬트리 수납에 활용

물건별로 분류해서 담기 좋다. 참고로 반으로 나눈 소형, 높이가 2배인 대형도 있다. 수납할 물건과 공간의 크기에 맞춰 적절히 사용한다. 수납함 외부에 어떤 물건이 담겼는지 라벨링까지 해주면 더욱 사용하기 편리하다.

책장 수납에 활용

시중에 나오는 거의 모든 책장에 아주 맞춤처럼 딱 맞다. 장난감, 미술용품, 각종 소품들을 넣어 책장에 넣으면 완벽한 서랍이 탄생한다

순서대로 팬트리, 책장, 신발장에 활용한 모습.

신발장 수납에 활용

신발장 공간에도 딱이다. 공구, 강아지 외출용품, 마스크, 핫팩 등 뭐든지 정리 가능하다. 부피가 작은 물건들은 다른 물건들과 뒤섞이기 쉽고, 적재 또한 어려우니 수납함을 사용하는 것이 좋다.

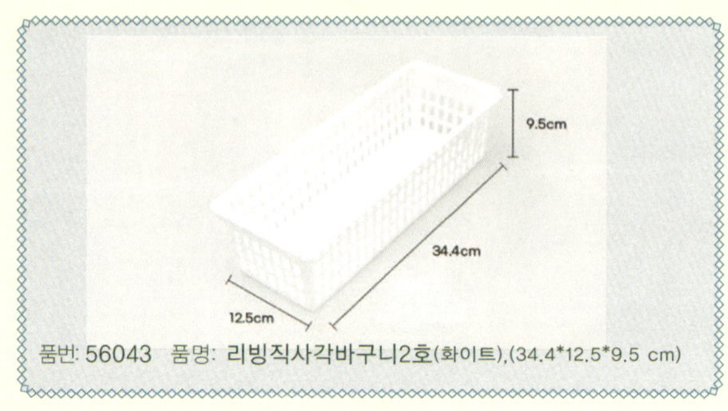

주방 서랍 수납에 활용

주방 서랍에는 잔잔한 여러 가지 물건들이 들어간다. 정리를 잘 해놔도, 서랍을 여닫으면서 그 안의 물건들이 움직이면서 흐트러지고 섞인다. 그럴 때 이 바구니로 서랍 안에 칸을 만들어 물건들을 분류도 하고, 자리도 유지할 수 있다.

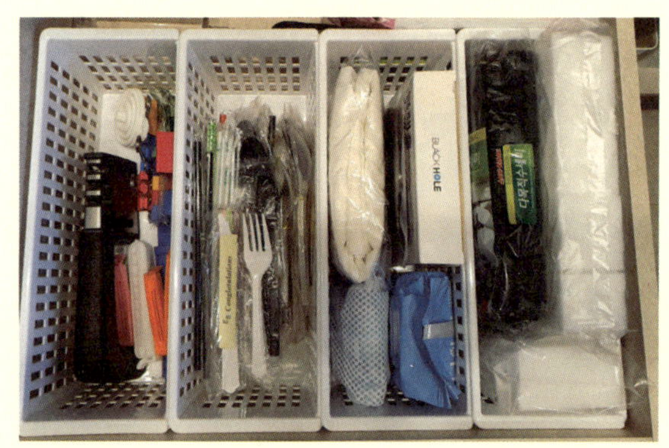

주방 서랍을 정리한 모습

속옷, 양말 정리에 활용

속옷도 팬티, 브래지어, 러닝, 속바지 등 종류가 다양하고, 양말
도 일반양말, 정장 양말, 여름 덧버선, 스타킹 등 종류가 다양하다.
서랍 안에 이 바구니를 넣어 종류별로 자리를 잡아주면, 아주 깔
끔하게 정리할 수 있다. 서랍을 이 바구니로 다 채울 필요는 없다.
가운데 한두 개만 놔도 여러 개의 칸이 만들어진다.

속옷과 양말을 정리한 모습. 아래 사진처럼 서랍 가운데만 바구니를 넣어 사용
해도 좋다.

화장실 수납에 활용

보관할 건 많은데, 수납공간은 작은 화장실 수납장. 정리 아이디어가 꼭 필요한 곳이다. 수납장 깊이가 깊지 않아서 문을 열 때마다 혹여 물건이 떨어질까 조심스럽다. 이 바구니를 이용하면 물건을 안정적으로, 또 훨씬 많은 양을 수납할 수 있다.

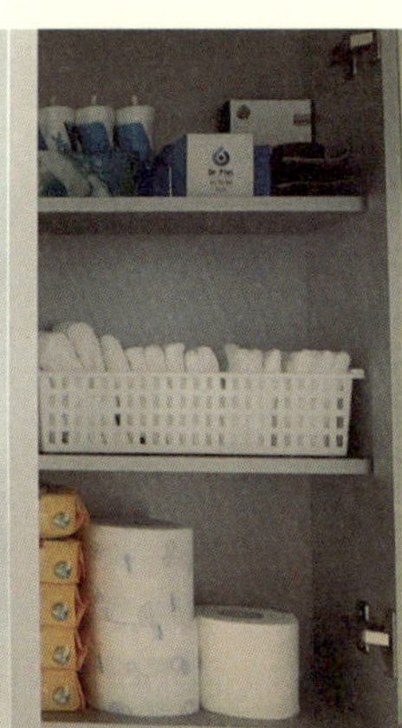

바구니를 사용하니 훨씬 안정적이고 깔끔하다.

유튜브 영상

정리 전문가가 추천하는
쿠팡 수납용품 Best 3

쿠팡에서 구매할 수 있는 수납용품 3가지를 소개한다. 이것만 있으면 전문가 도움 없이도 깔끔히 정리할 수 있다.

1위 이노마타 키친트레이

정신도 없고 답도 없는 화장대 서랍, 주방 서랍에는 뭐가 이렇게 많은지. 서랍에는 보통 크기가 작은 여러 종류의 물건이 들어가는 데다, 여닫으면서 그 안의 물건들이 움직이기 때문에 금세 엉망이 된다. 이런 골칫덩어리 서랍을, 자꾸만 열고 싶게 만드는 완벽한 서랍으로 바꿔주는 키친트레이! 여러 종류의 화장품, 숟가

책상 서랍에 활용한 모습.

화장대 서랍에 활용한 모습.

락, 젓가락, 문구류, 액세서리, 소품 등등 뭐든지 깔끔하고 완벽하게 정리가 된다.

이렇게 완벽한 정리가 가능한 이유는, 원하는 위치에 꽂을 수 있는 칸막이 덕분이다. 아무리 작은 물건도, 아무리 많은 종류의 물건도 칸막이로 딱딱 구분해 정리하면 완벽하다. 흰색, 투명 두 가지, 사이즈도 두 가지. 세로로 넣어도 되고, 가로로 넣어도 되고, 세로, 가로 섞어서 테트리스도 가능하다.

2위 슈즈랙

집마다 신발장 공간이 부족해서 난리다. 많은 집을 다녀보면, 집의 크기에 비해 신발장이 작긴 하다. 방법은 버리는 공간 없이 알뜰하게 쓰는 것뿐이다. 신발장에 신발을 넣으면 윗부분이 비는데, 그 위에 신발을 공중 부양 할 수도 없고, 공간은 아깝고. 이럴 때 슈즈랙을 사용하면 공간을 100% 쓸 수 있다. 신발을 2배 더 넣을 수 있다.

신발 한 켤레를 위아래로 나눠 넣으면 원래 한 켤레 들어갈 자리에 두 켤레가 들어간다. 신발장 칸 중에 한 켤레가 다 안 들어가는 애매한 자리가 있다. 그래서 한 짝은 여기, 나머지 한 짝은 저기에 넣게 되는데, 이럴 때도 슈즈랙을 사용하면 그 자리에 한 짝이 아닌 한 켤레를 넣을 수 있다. 잘 신는 신발을 앞에 한 켤레, 잘 안 신거나 계절이 아닌 신발을 뒤로 한 켤레 두는 방법도 있다.

신발장에 활용한 모습.

3위 송송바구니

아무리 좋은 수납용품도 공간에 맞지 않으면 미관상 살짝 아쉽다. 수납용품을 쓸 땐 공간에 딱 맞는 사이즈를 써야 보기에도 예쁘고, 공간활용도 제대로 된다.

송송바구니는 옷장 안에 두기에 딱 알맞은 사이즈다. 옷을 걸고 남는 아래 공간, 송송바구니를 두면 서랍이 된다. 송송바구니에 양말을 두면, 옷 입으면서 양말까지 한자리에서 끝낼 수 있다.

입었던 옷 보관용으로 사용해도 좋고, 바지나 가방, 의류 소품을 담아두기도 알맞다. 옷장 맨 위 선반에 둔 물건은 손이 잘 닿지 않아 사용을 포기할 때가 많다. 그곳에 송송바구니를 사용하면, 바구니만 쏙 빼서 위에 있는 물건도 쉽게 확인할 수 있다.

옷장의 칸칸이 선반에 옷을 두면 무조건 옷 무덤이 된다. 안쪽의 옷은 접근 불가, 확인 불가이므로 거기에 있는 옷은 이미 내 옷이 아닌 셈이다. 이곳에도 송송바구니를 사용하면 서랍이 되면서 바구니만 앞으로 당겨주면 안쪽에 있는 옷도 드디어 내 옷이 된다.

유튜브 영상

옷장에 송송바구니를 활용한 모습. Before & After

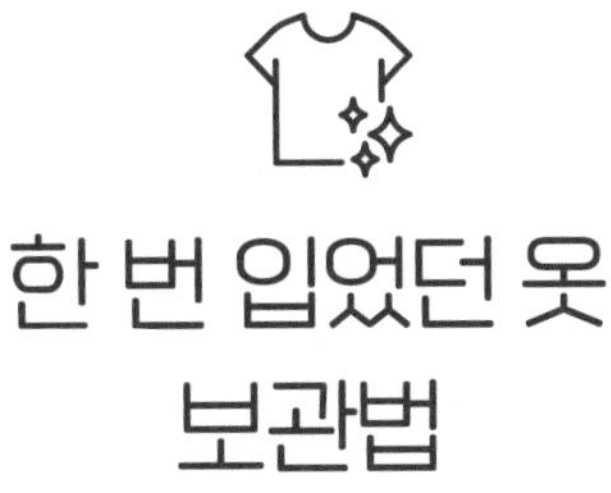

한 번 입었던 옷
보관법

"한 번 입었던 옷은 어떻게 보관해요?" 현장에서 참 많이 받는 질문이다. 의자에 주렁주렁, 소파에, 침대에 널어놓기 일쑤라 집을 어지럽히는 주범 중 하나이기도 하다. 이는 입었던 옷을 보관할 자리를 마련해주면 해결된다. 더 이상 고민하지 말고, 다음의 방법 중 우리 집에 맞는 걸 선택해 입은 옷을 보관해보자.

옷장 또는 드레스룸 일부 공간 활용

뭐니 뭐니 해도 가장 좋은 건, 가지고 있는 공간 안에서 해결하는 것. 옷장이나 드레스룸에서 접근이 가장 편한 위치의 일부분을

아래에 바구니를 두어 한 번 입었던 옷을 보관한다.

쓰는 것이다. 걸 수 있는 옷은 행거에 걸고, 접을 수 있는 옷은 바로 그 아래에 둔다.

옷장 또는 드레스룸 일부분을 썼을 때, 어디까지가 입었던 옷이고 어디까지가 세탁한 옷인지 헷갈릴 수 있다. 또 같은 행거에 입었던 옷과 세탁한 옷이 함께 걸려 있는 게 찝찝할 수도 있다. 그럴 때 세탁소 비닐(또는 옷 커버)을 씌운 옷걸이나 여분의 옷걸이를 칸막이용으로 그 사이에 걸어서 구분해주는 방법도 있다.

미니 트롤리 행거

옷장이나 드레스룸에 도저히 여유 공간이 안되거나, 입었던 옷을 밀폐된 옷장 안에 넣는다는 게 안 내킬 수도 있다. 그럴 때 밖에 행거를 놓고 쓰는 경우도 많다. 그런데 행거가 크면 그만큼 많이 걸게 되고, 행거가 작으면 아무래도 적게 걸게 된다. 최대한 단정해 보이도록 심플한 미니 행거로 고르자.

그리고 꼭 아래에 바구니가 있는 걸로 선택하자. 모든 옷을 일일이 옷걸이에 거는 게 귀찮아서 행거에 툭툭 걸쳐 두게 되는데 그러면 어느새 행거가 옷 무덤이 된다. 이것이 꼭 바구니가 있는 행거를 선택하라는 이유다. 옷걸이에 걸기 쉬운 외투류는 행거에 걸고, 나머지 옷은 바구니에 넣으면 행거를 좀 더 편하고 깔끔하게 사용할 수 있다. 자주 쓰는 가방이나 모자, 스카프를 바구니에 넣어도 좋다.

미니 트롤리 행거

전신거울과 행거가 하나로 합쳐져 공간을 절약할 수 있는 것도 있다. 대개 전신거울 뒤에 행거와 후크가 있는데, 그곳에 한 번 입은 옷을 보관한다. 가방이나 모자 등 소품을 걸어두기도 좋다.

다양한 전신거울 행거.　　　　　　　　　　　　나무 모양의 스탠드 행거.

스탠드 행거

공간을 적게 차지하면서 옷을 많이 걸 수 있다는 장점이 있다. 문제는 계속해서, 쓰러질 때까지 건다는 것이다. 주기적으로 행거를 비워주기만 한다면 나쁘지 않은 방법이다.

도어 행거와 바구니

옷장에도, 드레스룸에도 전혀 공간이 안 나고, 행거를 둘 공간도 없다면 도어 행거와 바구니 조합을 추천한다. 문에 걸어 쓰는 행거인데, 문 바깥쪽보다는 방 안쪽에 걸어두고 사용하는 게 깔끔하다. 위쪽에 문틀과 문 사이 약간의 여유 공간이 있어야 쓸 수 있고, 대개 경첩이 있는 안쪽보다는 바깥쪽이 여유가 있다. 가까이에 바구니를 하나 두고, 외투는 도어 행거에 걸고 나머지는 바구니에 보관하면 좀 더 깔끔하고 편하게 쓸 수 있다.

어떤 방법이 가장 마음에 드는가? 자신에게 가장 잘 맞는 방법을 선택하면 된다. 그래야 유지가 쉽다. 옷은 행거의 크기에 맞춰 그만큼만 보관하고, 행거에 옷이 많을 땐 '행털'을 한다. '냉털'이라고 더 이상 장을 보지 않고, 냉장고안에 있는 음식을 먼저 먹는다는 말이 있다. 새 옷만 자꾸 꺼내 입지 말고, 행거에 걸려 있는 옷들 먼저 터는 '행털'도 필수다. 수시로 행거를 털어주자.

유튜브 영상

공간별 정리법,
안방

안방은 큰 가구를 중심으로 정리정돈한다. 옷장, 침대, 화장대의 본래 기능을 살리면서 수납력을 높이는 정리정돈 팁을 살펴보자.

옷장 문

대부분의 집은 안방의 한 면 전체가 옷장으로 되어 있다. 이때 옷장의 문이 여닫이문인지 미닫이문인지 매우 중요하다. 옷장을 선택할 때 디자인만 보는 경우가 많은데 그보다 더 중요한 건 방의 크기와 가구 배치를 고려해서 옷장의 문을 선택하는 것이다.

옷장 앞의 공간이 넉넉하다면 여닫이문이, 협소하다면 미닫이

옷장 앞 공간이 넓으면 여닫이문이 알맞다.

옷장 앞 공간이 좁으면 미닫이문이 알맞다.

문이 맞다. 옷장 안의 모든 공간을 한 번에 다 볼 수 있는 여닫이 문이 편리하지만, 옷장 문을 열고 사람이 서서 옷을 고를 수 있는 만큼의 공간이 필요하다. 반면 미닫이문은 옆으로 밀고 닫을 때 힘이 꽤 들어가고 조심스럽다. 무엇보다 문이 멈춰 있는 칸은 내부를 볼 수 없어서 미닫이문을 이리저리 왔다 갔다 해야 하는 불편함이 있다. 하지만 공간이 부족하다면 이것도 방법이다.

옷걸이

대부분 옷장 공간이 부족하다고 아쉬워하는데, 옷걸이만 잘 써도 옷을 3배 이상 더 걸 수 있다.

현장에서 보면, 어느 집이든 옷가게에서 받아온 두꺼운 옷걸이를 사용하고 있다. 사실 이 두꺼운 옷걸이는 옷 가게에서 옷 하나하나를 돋보이게 하기 위한, 오직 옷 가게만을 위한 옷걸이이지 집에서 사용하는 옷걸이가 아니다. 이 옷걸이만 없어져도 옷장 공간이 훨씬 넓어지고, 더 많은 옷을 걸 수 있다. 웬만한 기본 상의는 세탁소 옷걸이 또는 그만한 두께의 옷걸이로도 충분하다. 두꺼운 옷걸이 하나를 빼면 세탁소 옷걸이를 최소 5개 이상은 걸 수 있다. 외투를 거는 옷걸이는 원목 옷걸이 정도면 충분하다.

집게 옷걸이도 바지 하나를 집는데 집게가 꽤 두꺼워 공간을 많이 차지한다. 집게 옷걸이도 두께가 얇은 것을 사용하면 훨씬 더 많이 걸 수 있다. 자리가 정말 부족하다면 집게 하나에 바지를 두

벌 집는 방법도 있다.

바지를 옷장에 걸어두려면 세로로 긴 칸이 필요한데, 외투와 원피스를 걸다 보면 바지까지 걸 자리가 없다. 그럴 땐 L자 옷걸이를 사용해서 바지를 반으로 접어 걸면 된다. 바지도 역시나 접는 것보다는 걸어두는 게 구김도 없고 골라 입기도 좋다.

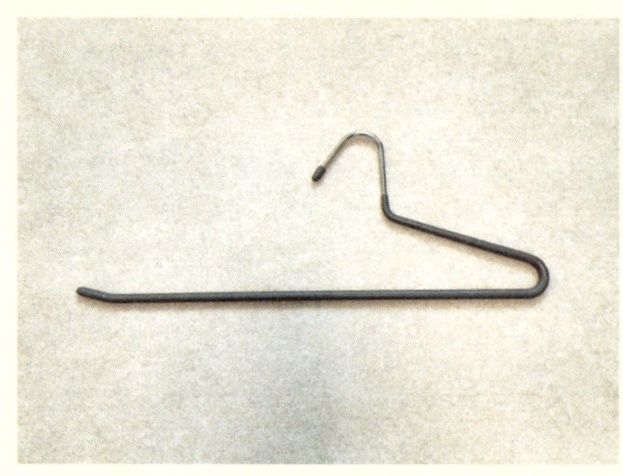

L자 바지걸이.

이불

대개 이불은 안방 옷장에 보관하는데, 이불이 차지하는 공간이 만만치 않다. 누구나 이불보다는 옷이 더 중요할 것이다. 옷 보관을 위해서 이불을 줄일 필요가 있다. 이불만 줄여도 옷장 공간이 확 늘어난다.

요즘은 냉난방이 잘돼서 계절별로 이불을 다 갖출 필요가 없고, 건조기의 보편화로 교체분도 필요 없다. 아침에 빨아 저녁에 다시 덮으면 된다.

그리고 이불도 사용기한이 있다. 오래된 이불은 기능이 떨어지고, 진드기가 발생할 확률이 높을 수밖에 없다. 5년 이상 사용하지 않은 이불은 과감히 비우자.

이번엔 이불을 정리하는 방법이다. 옛날부터 모든 집에 이불은 아래에서부터 위로 켜켜이 쌓아 올렸다, 이 방법의 가장 큰 문제는 이불은 넣고 빼기가 너무나 불편하다는 것이다. 이불 하나 빼려면 이불 전체가 우르르 무너질까 봐 조심조심 빼야 해 불편하다. 아래쪽 이불은 위쪽 이불들 무게에 눌려 꺼내기도 쉽지 않다.

그렇다면 이불은 어떻게 보관하면 좋을까? 이불 정리정돈에는 좁은 선반 칸이 제격이다. 선반에 쑤셔 들어가 있는 옷은 이불이 있던 행거 자리에 걸고, 행거 자리에 있던 이불은 선반에 정리하자. 선반 한 칸에 두꺼운 이불은 1~2개, 얇은 이불은 3~4개 들어가는데, 넣고 빼기도 너무 편하고, 이불을 계절별, 사용자별로 분류할 수도 있다. 만약 넓은 행거 자리에 이불을 두어야 한다면 옆으로 길게 접지 말고 반으로 나눠 접으면 넣고 빼기가 좀 더 편하다.

이불을 선반에 정리하면 사용하기 편하다.   이불을 반으로 나눠 접는다.

침대

침대 디자인은 안방의 분위기를 좌우한다. 그런데 좀 더 현명한 선택을 하고 싶다면, 침대 아래 서랍이 있는 것을 추천한다. 수납형 침대는 모자란 공간에 아주 훌륭한 역할을 해낸다. 나는 침대 서랍에 목도리, 장갑 등 계절용품과 매트리스커버, 베개커버, 쿠션커버와 무릎 담요 등 침구소품을 넣어두었다. 서랍 반대편 벙커에는 겨울에만 사용하는 전기매트를 넣어두었다. 벙커에 가족의 추억용품들을 넣어두는 것도 좋다. 수납공간이 부족하다고 생각된다면 수납형 침대는 필수다.

수납형 침대

화장대

화장대에는 화장품뿐만 아니라 액세서리, 헤어용품, 여권, 신분
증, 카드 같은 개인물품 등 보관해야 할 것이 아주 많다. 드라이어
하나만 올려놔도 화장대 위가 꽉 찬다. 그에 비해 화장대의 수납
공간은 턱없이 부족하다.

화장대 아래에 발이 들어갈 수 있게 비워두기보다 화장대 아래
까지 모두 서랍으로 되어 있으면 수납력을 높일 수 있다. 화장대
아래가 서랍장이 되어 발이 들어가지 않으면 불편할 것 같지만 의
외로 그렇지 않다.

책상형 화장대, 서랍형 화장대 둘 다 직접 써본 사람으로서 자

책상형 화장대와 서랍형 화장대. 수납공간의 차이가 엄청나다.

신 있게 추천한다. 화장대를 선택할 땐 서랍형 화장대 또는 서랍장을 고르자. 화장대 위에는 세워둬야 하는 기초 제품 정도만 두는 게 깔끔하고, 나머지 화장품들은 첫 번째 서랍에 보관한다. 그리고 나머지 서랍에는 속옷, 양말, 실내복 등을 보관하면 된다. 수납공간이 많이 확보돼야 정리정돈이 쉬운 건 당연하다.

공간별 정리법,
주방

많은 사람이 깔끔하고 정돈된 주방을 꿈꾼다. 특히 싱크대 위에 아무것도 없는 상태 말이다. 주방은 가족과 친구들이 모여 음식을 준비하고 즐기는 공간이기도 하지만, 동시에 개인이 혼자만의 시간을 보내며 사색할 수 있는 장소이기도 하다. 정리정돈이 잘된 공간은 복잡한 머릿속을 비우고 여유를 찾게 해준다.

그런데 그런 주방을 꿈꾸는 사람이 많다는 건 그만큼 정리정돈이 잘되기 힘들다는 게 아닐까. 주방을 정리할 때는 동선을 반드시 고려하여 주방용품을 배치하여야 한다. 각각의 조리도구부터 컵, 그릇 등 주방용품 수납법을 한번 살펴보자.

소형 가전

싱크대 위에 아무것도 없는 주방을 위해서는 모든 주방용품을 안으로 넣어야 한다. 이때 문제는 내부에 보관하기에는 부피가 큰 소형 가전이다. 요즘은 다양한 주방 소형 가전이 유행처럼 등장했다가 사라진다. 좋아 보여서, 필요할 것 같아서 샀지만, 막상 쓰지 않게 되는 경우가 많다(현장에 가보면 휴롬, 자이글, 해피콜직화오븐, 리큅식품건조기, 음식물처리기 등 사용하지 않고 있는 주방 소형 가전을 자주 본다). 몇 번 안 썼기 때문에 아까워서 버릴 수는 없다. 결국 사용하지도 않는데 싱크대 위에 그대로 놓여 있거나, 내부에 보관하게 되는데 가전이라 어느 정도 크기가 있어 자리를 많이 차지한다. 버리지도 못하고 쓰지도 못하고, 이를 어쩌면 좋은가.

가장 좋은 건 처음부터 들이지 않는 것이다. 주방 소형 가전 구매는 정말 신중해야 한다. 절대 얼리어댑터가 되면 안 된다. 관심이 가는 소형 가전이 있다면, 주변의 누군가 구입 후 사용해보기 전까지, 후기를 충분히 들을 수 있을 때까지 기다렸다가 구입을 결정해야 한다. 그런데 꼭 있어야 하는 소형 가전만 해도 그 수가 적지 않다. 전기밥솥, 전기주전자, 토스터, 전자레인지, 에어프라이어, 커피머신 이것들만 올려놔도 싱크대 위는 꽉 차고, 정신이 없다. 전자레인지, 토스터, 에어프라이어, 오븐이 하나로 합쳐진 멀티큐커를 쓰면 4개의 가전이 1개로 줄어, 싱크대 위가 깔끔해지고 무엇보다 공간이 여유로워진다.

싱크대 위에 아무것도 없는 꿈의 주방.

작업 동선을 고려한 배치

주방일은 신경 쓸 게 너무 많고, 할 일도 끝이 없다. '돌밥돌밥 (돌아서면 밥, 돌아서면 밥)'이라는 말이 있듯이, 설거지 끝내고 돌아서면 어느새 또 밥 먹을 시간이다.

정리정돈이 잘된 주방에서 일할 때와 정리정돈이 엉망인 주방에서 일할 때, 노동의 강도는 얼마나 차이가 날까? 생각할 것도 없이 전자가 덜 힘들다. 주방일은 최소한의 힘을 들여, 최대의 효과를 낼 수 있어야 한다. 그것은 바로 주방 작업 동선, 즉 이상적인 자리 배치에 달려 있다. 주방이 잘 돌아가면 가족은 건강하고 화목해진다.

■ **동선을 고려한 이상적인 배치**

자주 사용하는 식기류	상부장 아래쪽
자주 사용하지 않는 식기류	상부장 맨 위
프라이팬	가스레인지 근처
냄비	정수기 아래쪽
컵, 텀블러, 차, 영양제	정수기 근처
커피류, 시럽, 일회용 컵, 빨대, 텀블러	커피머신 근처
유통기한 내에 소비해야 하는 식품류, 상비약	접근이 용이한 곳
주방 새 상품, 사용 빈도 낮은 보관용 주방용품	냉장고 위 수납장 또는 하부코너장
채반, 볼, 주방 청소용품, 도마, 칼, 쟁반	개수대 아래
햇반, 3분카레 등 즉석조리식품, 전자레인지용 장갑	전자레인지 근처

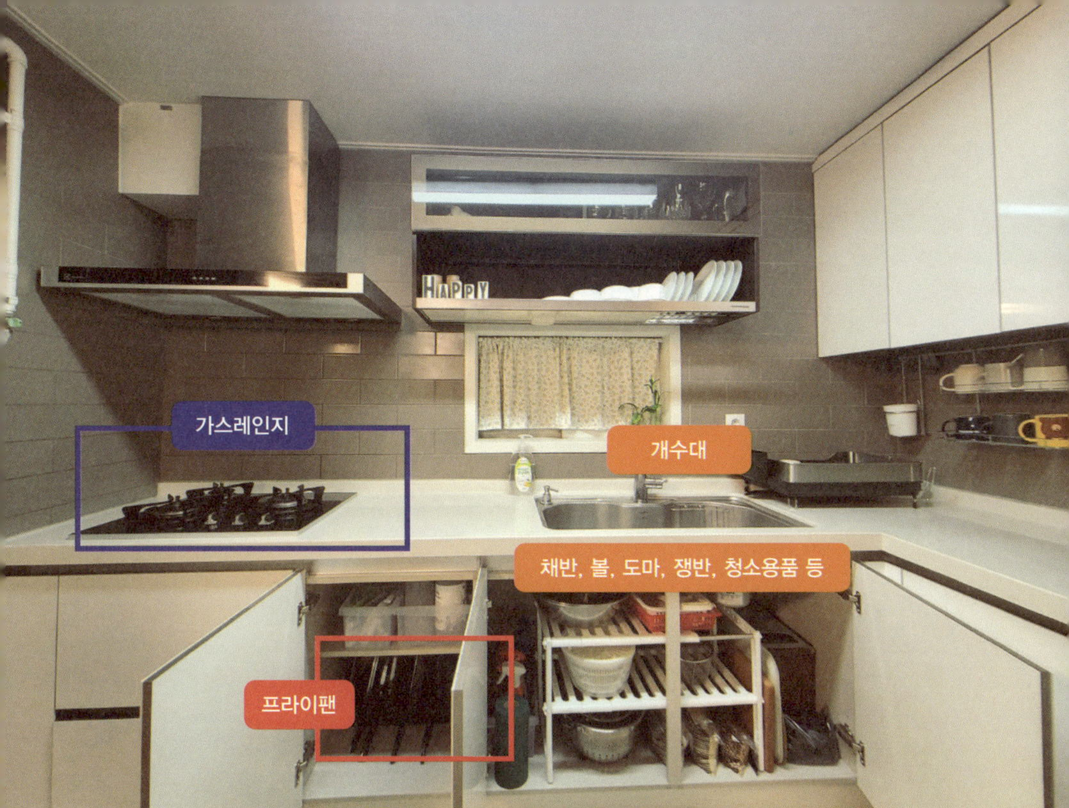

동선을 고려한 자리 배치.

주방 하부장

주방 하부장은 대부분 안쪽으로 깊다. 그만큼 공간이 넓지만, 안쪽 공간의 접근이 어려워 제대로 활용하지 못하고 엉망이 되어버리기 일쑤다. 이때 내부 깊이에 맞는 긴 바구니를 사용하자(169쪽 참조). 긴 바구니가 서랍 역할을 해서 안쪽 깊은 곳까지 쉽게 사용할 수 있다.

바구니를 서랍처럼 활용하면 안쪽까지 사용이 쉽다.

주방 서랍

　주방 서랍은 온갖 잡동사니로 넘쳐난다. 그중 정작 필요한 것들은 별로 없다. 필요한 것만 쏙쏙 골라내고 모두 버리자. 서랍 사이즈에 맞는 바구니를 넣어 칸을 만들고 각 물건의 자리를 정해준다. 바구니는 꺼내서 세척도 가능해 위생 관리에도 좋다. 배달음식을 주문할 때 '일회용 숟가락·젓가락 필요 없음'을 체크하면, 우리 집 서랍도 살리고, 지구도 살리는 길이다.

잘 정리된 주방 서랍.

밀폐용기

큰 밀폐용기에 음식을 담으면, 그 안의 음식을 다 먹을 때까지 몇 번이나 열었다 닫았다 하게 될까? 음식이 마지막까지 신선하고 맛있게 유지가 될까? 밀폐용기에 반찬을 담을 때는 큰 밀폐용기 하나에 다 담는 것보다, 작은 밀폐용기에 나눠 담는 것이 좋다. 작은 밀폐용기에 나눠 담아, 마지막까지 신선하고 맛있게 먹자.

큰 밀폐용기를 사용하게 되면, 그 안에 음식을 다 먹을 때까지 냉장고 자리를 계속 차지하게 된다. 하지만 작은 밀폐용기에 음식을 담으면, 먹는 대로 바로바로 냉장고가 비워진다.

제각각의 밀폐용기를 쓰는 것보다 세트로 같은 종류, 같은 크기의 밀폐용기를, 동그란 것보다는 사각 밀폐용기가 공간 활용에 좋다.

적당한 크기의 사각 밀폐용기 세트.

잘 정리된 냉장칸.

냉장고

대부분의 집이 냉장고 청소는 연중행사이지 않을까? 안의 식품들을 모두 꺼내야 하기 때문에, 이왕이면 겨울에 하는 게 좋다. 그리고 냉장고 청소를 계획했다면, 1~2주 전부터 냉털(냉장고 털기)을 해주면 냉장고 청소가 훨씬 쉬워진다. 냉장고의 깊이가 46cm 이상으로 길다면, 긴 바구니를 사용해서 안쪽까지 편리하게 사용할 수 있다.

김치냉장고에 있는 김치통의 경우, 김치를 담지 않으면 밖에 빼서 따로 보관하는 경우가 많은데, 자리를 엄청나게 차지한다. 김치통엔 김치만 담을 수 있는 것이 아니다. 김치통을 김치냉장고의 수납 바구니라 생각하고, 김치냉장고 안의 식품들을 각 통에 분류해서 담아두면 된다. 김치냉장고 내부는 김치통으로 식품들이 분류되어서 좋고, 외부는 큰 김치통이 사라져 공간이 생겨 좋다.

컵

컵은 사용 목적에 따라 머그잔부터 맥주잔, 와인잔, 소주잔 등 다양하다. 와인잔을 꺼내려다 번거로워서 그냥 머그잔에 마신 적 있지 않은가. 아마도 컵을 둘 때 맨 앞줄에 가장 키가 작은 컵 그리고 키 순서대로 뒤에 둘 것이다. 마치 합창단처럼 말이다. 그래서 키가 큰 맥주잔과 와인잔은 맨 뒤에 있는데, 꺼내는 게 쉽지 않다. 이것은 잘못된 방법이다.

컵은 같은 종류끼리 뒤로 줄 세워 보관해야 한다. 소주잔 한 줄, 머그잔 한 줄, 맥주잔 한 줄 이렇게 말이다. 편의점 음료 냉장고를 생각하면 된다. 많은 종류의 음료가 일렬로 진열되어 있어 모든 음료가 한눈에 보이고, 원하는 음료를 쉽게 꺼낼 수 있다. 컵도 그렇게 두면 원하는 컵을 언제든지 쉽게 잘 사용할 수 있다. 가지고 있는 물건을 잘 쓰게 하는 것이 정리다.

편의점 음료 냉장고처럼 컵을 종류별로 줄 세우면 어떤 컵도 바로 꺼낼 수 있다.

그릇

　대개 그릇은 싱크대 상부장에 두는데 이때 같은 그릇끼리만 겹쳐 둬야 안전하게 그리고 편하게 사용할 수 있다. 하지만 현실은 아래에 큰 그릇 위로 갈수록 작은 그릇 식으로 겹쳐 두게 된다. 그러면 아래의 그릇을 꺼내기가 굉장히 불편하고 심지어 위험하다. 사기로 된 그릇은 조심히 다뤄야 하고 무게도 나가기 때문에 특히 정리가 잘되어 있어야 한다. 선반을 하나 더 만들어주면 다른 크기의 그릇을 겹쳐 두는 일을 방지할 수 있다. 수납력은 2배가 되고, 원하는 그릇을 한 번에 안전하게 그리고 편하게 꺼낼 수 있다.

선반을 사용해 정리정돈한 모습. Before & After

프라이팬

얇고 넓적한 프라이팬, 길쭉한 손잡이까지 있어 어디에 어떻게 정리하는 게 좋을지 모르겠다. 겹쳐 두자니 코팅이 상할까 조심스럽고, 하나씩 두기에는 자리를 너무 많이 차지한다. 시중에 여러 가지 프라이팬 정리대가 있지만 그중 이것을 추천한다. 바로 북 스탠드! 책상에서만 쓰는 줄 알았던 북 스탠드가 주방에 웬일?! 북 스탠드에 책을 꽂듯이 프라이팬을 꽂아주면 자리도 덜 차지하고 꺼내쓰기도 편하고 프라이팬의 코팅이 망가질 일도 없다. 손잡이를 사선이나 위쪽을 향하게 두면 허리 숙일 필요 없이 꺼낼 수 있고, 손목에 힘도 덜 들어간다. 예전엔 북 스탠드를 사서 프라이팬 정리대로 썼는데, 요즘은 다이소에 북 스탠드 모양의 프라이팬 정리대가 따로 나온다.

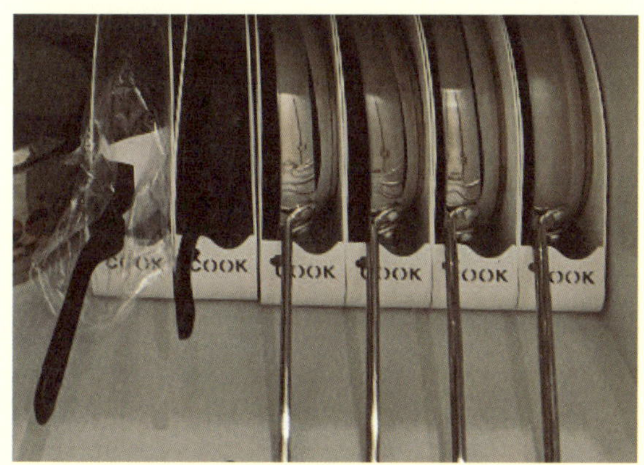

북 스탠드 모양의 프라이팬 정리대(다이소)를 사용해 정리정돈한 모습.

공간별 정리법,
아이방

아이에게 최적의 환경을 만들어주고 싶은 마음은 모든 부모가 같을 것이다. 하지만 조금씩은, 어쩌면 많이 아이방에 대해 아쉬운 마음이 있을 것이다. 아이방의 정리정돈은 어려운 게 사실이다. 그 좁은 공간에서 공부하고, 단장하고, 잠도 자고, 옷과 물품도 보관해야 한다. 아이방의 상태는 아이의 성격 그리고 성적에까지 영향을 미칠 수 있기 때문에 중요하다.

그렇다 보니 아이방 가구를 재배치할 때가 많다. 사진은 중학교 2학년 딸의 방이다. 침대와 책상, 책장 그리고 1.5칸의 붙박이장이 있다. 이 방의 가구들은 어떻게 배치하는 게 좋을까? 현재의 배치는 무엇이 문제일까?

　우선 책상과 침대가 옆으로 나란히 붙어 있는 것은 좋지 않다. 가뜩이나 책상에만 앉으면 졸음이 쏟아지는 나이인데, 책상 옆에 떡하니 침대가 있는 것은, 마치 침대가 누우라고 자라고 계속 유혹하는 것만 같다. 책상과 침대를 나란히 둔 이 배치는 책상에 오랫동안 앉아 엉덩이 힘을 길러야 하는 아이를 고문하는 것과 같은 것이다.

　고객에게 책상과 침대의 잘못된 배치에 대해 설명하니, 마치 그동안 풀리지 않았던 미스터리가 풀린 듯 "그래서 우리 애가 맨날 그렇게 침대에만 누워 있었나 봐요." 한다. 책상에 앉았을 때 침대가 전혀 보이지 않게, 책상과 침대는 등지는 것이 좋다. 그래야 아이가 책상에 앉았을 땐, 온전히 스터디룸이 되는 것이다. 아이가 침대에 누워있는 시간이 확연히 줄어들 것이다.

　그리고 또 하나, 책상이 침대와 등지는 대신, 방문과는 등져서는 안 된다. 아이가 책상에 앉았을 때 방문을 바로 볼 수 있어야 한다. 누군가 방에 들어온다면 바로 눈을 마주칠 수 있어야 한다. 책상이 방문을 등지게 되면, 뒤에 누가 왔는지 방 밖에서 무슨 일이 있는지 괜히 뒤가 자꾸 신경 쓰인다. 방문을 바라보고 앉으면 오히려 방에 누가 들어오는지 방 밖에서 무슨 일이 있는지 확인이 되면서 안정감이 들어 집중이 잘된다. 책장은 책상과 관련 있는 가구이므로 책상과 붙여야 유용하게 쓸 수 있다.

자! 그럼 이 방은 어떻게 바뀌었을까? 좁은 방이지만 스터디룸과 베드룸, 드레스룸이 명확히 구분되어 있다. 공부에 집중할 수 있고, 꿀잠을 잘 수 있으며, 붙박이장도 이전보다 훨씬 편하게 사용할 수 있다.

하나 더 덧붙이자면, 아이방 가구들 중에 가장 낮은 가구가 침대이다. 방문에서 방을 바라봤을 때 가장 먼저 눈에 들어오는 벽에 침대를 둬서, 빈 벽이 최대한 많이 보이게 하고, 반대로 높이가 가장 높은 책상은 눈에 잘 띄지 않는 방문 왼쪽이나 오른쪽 벽에 등지게 두면 방이 좀 더 넓고 쾌적한 느낌까지 든다. 그리고 아이 침대는 필히 수납형으로 선택하도록 한다. 좁은 아이방에선 수납형 침대가 구세주 같은 존재다.

가구를 재배치한 모습. Befor & After

공간별 정리법,
거실과 베란다

거실

요즘은 거실장을 두지 않는 것이 트렌드라고 한다. 우선 말해둘 것은 이 트렌드는 미니멀리스트에게만 가능한 이야기다. 물건은 어느 자리에 두느냐에 따라, 그 물건을 잘 쓸 수도 있고 잘 안 쓰게 되기도 한다. 거실은 가족들이 공동으로 사용하는 공간이니만큼 가족 모두가 잘 쓸 수 있는 물건을 두자.

보통 거실에는 TV가 있다. 마사지나 운동은 대개 TV를 보면서 하게 되니까, 마사지용품이나 운동용품은 TV 가까운 곳에 둬야 잘 쓸 수 있다. 플레이스테이션 같은 TV 연결 게임기나 전자기기

거실장에 게임용품이 수납되어 있다.

가 있다면 TV 아래 거실장에 두는 게 맞다. 가족이 함께 사용하는 손톱깎이 세트, 보드게임, 각종 리모컨, 상비약(주방에 수납공간이 넉넉하지 않은 경우) 등도 거실장에 둔다.

거실장에 두어야 잘 쓸 수 있는 물건이 이렇게나 많다. 거실장을 없애는 게 트렌드라 해도 다시 한번 신중하게 생각해보길 바란다. 정말로 거실장을 두기 싫다면, 수납력 있는 거실 테이블도 대안이 될 수 있다. 모든 물건이 안에 들어가고 밖에 나와 있는 물건이 없기를 바란다면, 가구를 선택할 때 수납력을 꼭 따져봐야 한다.

베란다에서도 빨래건조대를 편하게 쓸 수 있다.

베란다

베란다에 슬리퍼는 꼭 있어야 할까? 한번 생각해볼 일이다. 물을 사용하는 베란다라면 슬리퍼가 필요하겠지만, 그렇지 않다면 굳이 슬리퍼를 둘 필요가 없다. 집 내부와 베란다를 똑같다고 생각하자. 집 내부를 청소기로 밀 때 그대로 베란다까지 청소기를 밀면 관리도 편하고, 베란다에 나갈 때마다 슬리퍼를 신을 필요도 없어서 편하다.

집마다 옥에 티처럼 눈에 들어오는 게 있다. 거실에, 방에 크게 펼쳐져 있는 빨래건조대. 건조기가 있지만, 결국 빨래건조대에 널어야 하는 것들이 있기 때문에 빨래건조대를 쓰기는 해야 하는데 자리 차지를 너무 많이 해서 문제다. 예쁘게 잘 정리된 거실도 빨래건조대 때문에 분위기가 확 깬다. 원래는 베란다에 있는 게 맞지만, 좁은 베란다에 두고 쓰기가 힘들다. 냉장고에 코끼리를 넣는 방법만큼 난제다.

역시나 방법은 있다. 우선 빨래건조대는 Y자 모양이 아닌 T자 모양이면 좋겠다. 그리고 다 펼치지 말고, 한쪽만 펼쳐서 베란다 한쪽 벽에 붙인다. 건조기에 돌릴 수 없는 옷만 빨래건조대에 널면 되니까 반만 펼쳐도 충분하다. 거실에 빨래건조대만 없어져도 우리 집이 확 달라진다.

정리정돈의 힘

초판 1쇄 인쇄 2026년 2월 9일
초판 1쇄 발행 2026년 2월 14일

지은이 양윤녕
책임편집 하진수
디자인 그별
펴낸이 남기성

펴낸곳 주식회사 자화상
인쇄,제작 데이타링크
출판사등록 신고번호 제 2016-000312호
주소 경기도 고양시 덕양구 꽃마을로 34, 1006호,1007호(향동동, DMC스타팰리스)
대표전화 (070) 7555-9653
이메일 sung0278@naver.com

ISBN 979-11-94440-18-5 03190